老钮锐评

人民币可以高调国际化？

钮文新 | 著

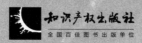

知识产权出版社
全国百佳图书出版单位

图书在版编目（CIP）数据

老钮锐评. 人民币可以高调国际化？/钮文新著. —北京：知识产权出版社，2017.5

ISBN 978 - 7 - 5130 - 4797 - 5

Ⅰ.①老… Ⅱ.①钮… Ⅲ.①人民币—金融国际化—研究 Ⅳ.①F0

中国版本图书馆 CIP 数据核字（2017）第 050222 号

内容提要

本书集结了 CCTV 证券资讯频道执行总编辑兼首席新闻评论员钮文新的精彩文章，针对国际货币战中强势货币的攻击和弱势货币的应对策略，以及人民币国际化过程中受到的挑战和经验教训，主要讨论了四方面问题：国际货币战怎么玩儿、人民币国际化是否做好准备、人民币要强还是弱、货币政策要紧还是松，提出了人民币国际化进程中维护我国和人民利益的货币政策方向上的有益建议。

丛书责编：蔡 虹　　　　　　　　　　**本卷责编：李 瑾**

封面设计：柏拉图创意机构　　　　　　**责任出版：刘译文**

老钮锐评 人民币可以高调国际化？

钮文新　著

出版发行：知识产权出版社有限责任公司	网　址：http：//www.ipph.cn
社　址：北京市海淀区西外太平庄55号	邮　编：100081
责编电话：010 - 82000860 转 8324	责编邮箱：caihong@cnipr.com
发行电话：010 - 82000860 转 8101/8102	发行传真：010 - 82000893/82005070/82000270
印　刷：三河市国英印务有限公司	经　销：各大网上书店、新华书店及相关专业书店
开　本：880mm×1230mm 1/32	印　张：9
版　次：2017 年 5 月第 1 版	印　次：2017 年 5 月第 1 次印刷
字　数：200 千字	定　价：39.00 元

ISBN 978-7-5130-4797-5

自 序

新闻从业的路上有很多需要感恩的师长，在《学习》杂志社的时候，我的直接领导——总编辑于绍文（现任经理人传媒董事长）和记者处处长魏春江（后任《人民论坛》秘书长）应当就是。他们对我没有太多空洞的教导，却给足我发展空间。遗憾，那时我只是名摄影记者。在经济报道上也有两位恩师，他们都是《中华工商时报》的创始人，一位是已故老社长、老报人丁望，还有一位是我的部门主任杨大明（现任财新传媒副总编辑）。我记得那是1992年，《中华工商时报》要开办"证券版"，但挑不出一个懂证券的主编，怎么办？丁望总编辑在编委上说，让杨大明的"市场部"去干这件事，因为他那个部门有个学数学的钮文新，让钮文新去干。

就在这样的安排下，我开始专业从事证券报道，开始越来越系统地学习经济学知识。因为干的时间越久，认知越深，越觉得证券市场与所有经济事务的相关性越强，正如我经常告诉我的同事，搞清利率、汇率、税率、市盈率之间的关系，才能更好地看懂股市。真该感谢《中华工商时报》给我们一群人创造了一个宽松、充满激情而又更加贴近市场的工作环境，你在那儿干得好，总能获得赞扬和激励，恐怕也正因如此，让后来的《中华工商时报》变成了中国第一批"市场化财经媒体"总编辑的摇篮。同时，《中华工商时报》也让我学会了如何做一个合格的新闻人，责任感、使命感贯穿我的新闻生涯——从记者到主任，从编委到总编辑。丁望老爷子的一句话今天依然是我的座右铭：真话不一定能说，所以可以不说，但我们绝不说假话。20 多年过去了，我现在倒是觉得，没有不能说的真话，就看你基于怎样的初衷和依据怎样的原则去说。我认为，只要心存对党、对国家、对人民、对时代的责任感和使命感，那你所说的实话、真话就没什么"异味"，所有读者都能看出你用心良苦。

这不是说大话、说空话，也无所谓给谁"拍马屁"，而是我们这代新闻人身上特有的品性。无论是经济新闻、社会新闻、政治新闻、国际新闻，他们至少应当是为"社会正义服务"的工具。尤其是在全球经济一体化的今天，经济新闻报道的背后都可能潜藏着各色利益的属性，那我们应当如何面对？我的原则就是国家利益和人民利益优先，这不是狭隘的民族主义，而是无论全球经济格局如何演变，国家间利益争夺始终客观存在而且只会日趋剧烈的必然选择，尤其是美元霸权延续、全球金融食利者阶层不断加厚的过程中，以实业为本的国家，其经济利益必然受到严重挤压。这也是中国经济的真实写照。

谈谈"老钮锐评"这套丛书吧。说实话，这是知识产权出版社编辑蔡虹女士抬爱的结果。2016 年 9 月蔡虹找到我，希望知识产权出版社能够为我出版这样一套丛书，这真是让我大喜过望，是很意外的惊喜。但我也很惶恐，一来时间有限，我除了提供原稿，实在没有很多的时间投入；二来也担心我一个小学生是不是担得起人家出版社破费心思。但蔡虹很坚定，很快选题就获得批准，而且整个过程中，基本没用我操心，她们从我 2007 年到 2017 年年初——近十年的 2000 余篇文字评论当中遴选出了几百篇并分为四部分，作为我本人有代表性的观点呈献给各位读者。当全套丛书的目录呈现在我面前时，我惊呆了，抛开个人因素客观去看，甭说，还真挺吸引人的。我知道这项工作有多难，因为这件事我一直想做，但一直也没做成。所以，我特别要感谢蔡虹和她的团队，没有她们的努力，也不可能有这套丛书。

当然，这里也有我自己的努力。我来到 CCTV 证券资讯频道工作已经快 10 年了。作为频道的执行总编辑兼首席财经评论员，每天都要面对观众。让我可以问心无愧的是，10 年间，包括到现在，每天夜里和早饭之后我都坚持阅读大量国内外新闻，进到办公室，要从当天的新闻中选择一条，撰写 1500 字左右的评论文章，这个习惯几乎雷打不动，除非因故离开工作岗位。我涉猎的新闻内容十分广泛，国际、国内、宏观、微观，股市、债市、外汇、楼市，等等，几乎涵盖所有经济热点和冷点。为什么会有那么多可说的？为什么说了 10 年还算不乏新意？关键靠读书、学习、思考，更关键的是"沙盘推演"。

多年的数学训练让我养成了一个习惯：逢事拒绝人云亦云，而是依据当下的客观条件，并按照最基本的经济学原理重新进行推演。这个过程让我受益良多。因为，条件不同，结论不同，个性彰显自然而然。比如在通胀问题上，我一直不敢轻易使用"通货膨胀"一词，而只讲物价上涨。因为在我看来，物价上涨的诱因很多，尤其对于中国，货币超发往往不是物价上涨的原因，而是物价上涨不可控所导致的结果。比如房价上涨的根本原因是土地财政，如果货币供给不能满足房价上涨需要，那地方政府财政收入就无法充分实现；再比如美元贬值引发国际大宗商品价格上涨，鉴于中国商品价格已经与国际市场价格接轨，所以国际市场价格必然传导到国内，并导致原材料价格高了，生产成本增加，这时央行必须满足输入性物价上涨所带来的货币需求增加，如果不能满足生产成本上升的货币需求，那企业生产就会停滞，国家经济增长将无法保障。

所以我提出：通货膨胀——"流通中的货币膨胀"导致物价上涨只能在国家市场封闭的条件下才成立，开放条件下则不一定成立。诸如此类的问题很多，而我们不能简单运用书本知识去得出简单的结论。所以，这些年我的评论经常异于主流经济学派的结论，"对"还是"不对"让公众去评说吧，但无论如何我们都要把握一个关键点：经济学人需要提供更多一些视角，引导人们对经济事务多问几个为什么。这不只是国家、民族或政府的需求，同时也是每位投资者个人必然存在的需求。

就说到这儿吧，希望这套丛书也能带给您更多的思索。

钮文新
2017 年元月

目　录

第一章　国际货币战怎么玩儿

　　一方面全球经济已经到了"又一个危险时期"，为有效对抗这个过程，全球央行和政府必须强化合作，共同应对；但另一方面，整个世界也正是因为"又一个危险时期"的到来，而纷纷寻求自保，以至于各国不断走向分化，不仅使全球经济一体化的原有格局正在受到挑战，而且让各国政策合作的希望变得更加迷茫。

02 第二章 人民币准备好了吗？

无论怎样的改革，其核心目的都应当是发展中国经济，增强人民福祉，而绝不应当背道而驰。所以，在人民币汇率制度改革，乃至于人民币国际化的问题上，我们都该以此标准考量。

03 人民币要强还是弱

第三章

我们必须学会自我保护，而绝不能完全落入"强者规则"，因为那是陷阱。当然，最好的办法是我们自己也变成强者，但这不仅需要很多很多年的时间，更重要的是：我们必须有能力与强者周旋，在变成强者之前不至于被强者吞掉。

第四章 **货币政策要紧还是松**

　　保持政策的连续性和稳定性，继续实施稳健的货币政策，保持灵活适度，适时预调微调，增强针对性和有效性，做好供给侧结构性改革中的总需求管理，为结构性改革营造中性适度的货币金融环境，促进经济科学发展、可持续发展。

01

第一章

国际货币战怎么玩儿

一方面全球经济已经到了"又一个危险时期",为有效对抗这个过程,全球央行和政府必须强化合作,共同应对;但另一方面,整个世界也正是因为"又一个危险时期"的到来,而纷纷寻求自保,以至于各国不断走向分化,不仅使全球经济一体化的原有格局正在受到挑战,而且让各国政策合作的希望变得更加迷茫。

特朗普时代美国货币政策的最大意图

(2016 年 12 月 6 日)

> 美国现在和未来一段时期，利率就是
> "上行预期 + 实际低水平"的过程，这
> 样可以达到"通吃"全球金融套利资
> 本和实业资本的目的。

特朗普就是一个"混不吝"的资本家，一个"滚刀肉式"的利己主义者。在我看来，这一特质在特朗普身上十分明显而确定。对此，我们必须有一个基本判断。在此前提下，我们才可以理解特朗普的一系列"大失常理"的言论和动作，实际上，一切都是为了加大"筹码"的分量，从而"通吃"一切。

比如他最近和台湾地区的那棵"空心蔡"通电话。我坚信特朗普非常明白这事"有悖常规"，是件"不应该"的事，

但他还是做了。为什么？因为他需要借重台美关系向我们要价。在遭到抨击之后，这位"混不吝"竟在"推特"上向中国发难说"他们贬值货币（使我们的企业难以竞争）、对我们的产品大幅征税（美国并不征他们的税），或是在南中国海建造大型军事设施时，中国有问过我们的意见吗？并没有！"

这是什么意思？他是想说"我与'空心蔡'通电话为什么要征求中国的意见"？还是要说"中国南海建造军事设施必须问问美国是否同意"？其实，从字面上看，两种解释都说得过去，关键是"文字表述"缺少了语态，所以会出现理解差异。我没注意到，竞选之时，特朗普从未提过台湾问题，而且被问及南海问题时，他拒绝正面回答，表示"不认为美国会为了中国的行动而开启第三次世界大战"。但现在，他毕竟和"空心蔡"通了电话，这是否意味着特朗普在台湾问题上改变态度？

我认为，我们根本不用去猜，特朗普入主白宫之后，对各种问题的态度永远会"颠三倒四"，这将成为未来的"新常态"。其实，这也没什么新鲜的，美国在中国大陆和台湾之间从来都是"两头比画"，其用意无非是把"过时武器"高价卖给台湾，同时在与我们的谈判桌上加上几两筹码。其核心无非是利益而已。不同的是，过去美国当局做得比较"隐晦"，而特朗普不过是更明确，更"混不吝"。与"空心蔡"通电话受到批评之后，特朗普的第一反应是：他们每年买美国几十亿美元的武器，我都不能跟她通电话？由此可见，特朗普是多么"现实主义"。

我不认为特朗普会是什么"孤立主义者"，也不认为特朗普会是一位"有着明确传统主义信仰"的人，他的唯一信仰就是"既得利益"，就是"现实利己"，为了"美国本土利益"他会放弃一切"主义"，放弃一切规则。所以，和特朗普打交道恐怕很难，因为他的游戏"没有规矩"，悔棋、悔牌、掀桌子，什么事都做得出来。

当然，他很可能还有一个"性格特质"：小心眼。去看看他在竞选中和希拉里·克林顿之间的对骂，丝毫看不到"君子风范"；再看看他当选之后对美国媒体的"报复"，包括现在受到批评之后的所有表现，是不是都预示着这位美国候任总统可能已经在自己的"圈子"里被惯得"受不了一点委屈"？那在未来的国际交往中，特朗普的"妥协精神"会不会"存在障碍"？

好吧。我们现在来猜一下"特朗普时代"美国的货币政策。我认为，这个时代美国货币政策的最大意图就是：通吃全球资本——无论是实业资本还是金融资本，包括国际游资。所以，它们的货币政策正在转向，从"零利率"到"正常低利率"。这个过程确实是一个"利率上行"的过程，而美国会利用这个"利率上行"的过程，吸引全球金融套利资本流向美国，那是不是不利于实业资本流向美国？错。因为，美

国只是让市场产生"利率上行"的预期，而实际利率绝不会
大幅上涨。

所以，美国现在和未来一段时期，利率就是"上行预期＋
实际低水平"的过程，这样可以达到"通吃"全球金融套利
资本和实业资本的目的。实际上，美国仅仅通过 0.5 个百分
点的基准利率上行预期的玩弄，已经实现了"资本流入＋美
元升值→美元升值＋资本流入"的良性循环。

在美元霸权实际存在的前提下，唯有美国可以实现这样
的"通吃"，那其他非美国家该当如何应对？我认为，只能
"二选一"，明智的做法是保持货币政策的中性偏宽，维护实
业资本的生存环境，留住实业资本，并利用监管的手段，延
缓国际金融套利资本流出的速度。换句话说，中国必须通过
实体经济的健康发展，吸引国际套利资本留在国内，稳定人
民币汇率；而不是利用高企的利率，加大套利资本获利空间
而制止国际金融套利资本外逃，以维系汇率的稳定。

没有硝烟的战争

(2013 年 11 月 12 日)

在世界范围内，强势储备货币（硬通货）大量发行，所引发的客观效果，就是强势货币国家"打劫"弱势货币国家。

欧洲央行将欧元区基准利率降至 0.25% 的历史低点，这一举措促使欧元大幅贬值，7 日降息当天，欧元对美元汇率一度重挫 1.6%，创下近两年来最大跌幅；与此同时，捷克央行宣布时隔 11 年首次抛售克朗（量化宽松），以压低克朗汇价，受此影响，克朗汇价应声大跌 4.4%，创下 1999 年以来的最大跌幅。另外，一些央行采取了口头干预的方式压低本国货币币值。比如，新西兰央行近日表示，可能延后加息以抑制本币的升势；澳大利亚央行行长史蒂文斯近期则公开表示，澳元的汇价"高得让人无法接受"。

再有就是秘鲁，该央行上周宣布将基准利率下调 25 个基点至 4%，这是该国央行四年来首次下调利率。还有韩国，随着韩元对美元升至两年多来的高位，韩国央行和财政部近期实施了 2008 年 7 月以来的首次联合汇市干预。本周四，韩国央行将再次召开议息会议，不排除宣布降息的可能。

比这些更加惨烈的是，法国巴黎银行发布一份报告，呼吁欧洲央行效仿美国 QE①，每月采购 500 亿欧元的债券。纽约梅隆银行外汇策略师梅洛断言，当前全球正在进入一个"货币战争新时代"。梅洛说，当前各国对于美元疲软以及本币升值的现状日益感到不满，进而导致了政策立场上的调整。

不管你信不信，不管你愿不愿意，也不管你是否参与，全球货币泛滥的时代再一次出现在我们面前。为什么？因为美元的大肆"灌水"，已经使世界各国经济受到巨大压力，它们无法容忍了。一个简单的道理可以说明为什么各国无法容忍：大家都知道在一个国家内部，如果当局制造严重的通货膨胀，那一定会发生富人打劫"穷人"的客观效果。其实是同样的道理，在世界范围内，强势储备货币（硬通货）大量发行，所引发的客观效果，就是强势货币国家"打劫"弱

---

① QE（Quantitalive Easing）量化宽松，主要是指中央银行在实行零利率或近似零利率政策后，通过购买国债等中长期债券，增加基础货币供给，向市场注入大量流动性资金的干预方式，以鼓励开支和借贷，也被简化地形容为间接增印钞票。

势货币国家。

这样一个道理我们讲过许多次，但很遗憾，中国有些学者和货币当局的眼睛紧紧盯住内部，而对外部冲击不做反应，最核心的表现就是"通过不断扩大人民币汇率浮动空间，而加速人民币升值"。我坚信，人民币已经被严重高估。有一个例子大家可能感受颇深。现在，许多出国旅游团几乎变成了"采购团"，游客回国之后告诉我们的见闻不是景色，不是文化，而是美国、欧洲的日常生活如何便宜。为什么中国人会有这样的感受？因为，按照购买力平价的原理，人民币已经升值过度。

这就是问题。为什么人民币升值过度，可人民币还在升值？有人一定会回答，中国贸易顺差很大。那为什么都升值过度了，顺差还这么大？升值不是可以达成汇率均衡吗？我们为什么看不到均衡？说到这儿，很多不善"狡辩"的人一定会失语，因为他们按照传统经济学理论无法回答。那你说为什么？好，我负责任地告诉大家，之所以出现上述矛盾，那是因为现行人民币汇率形成机制错了。

如此错误已经对中国经济构成伤害，我们老百姓最直接的体会就是生活成本越来越高。因为，全世界的流动性泛滥推高了石油、粮食等基础生活必需品的价格，而人民币的升值不仅没能平衡这样的成本上涨，反而升值，所导致的货币紧缩效应封杀了企业名义收入提高的可能性，近而压制了我们名义收入提高的空间。结果是，我们老百姓只能用不变的收入来面对越来越高的生活成本。同时导致房价上涨、股市下跌，并使大量中国财富移向境外。

这些现象的本质是什么？就是人家货币贬值，而人民币升值导致的必然结果：货币升值国家补贴货币贬值国家。股市也一样，QFII① 为什么那么积极地涌向中国？因为，这些外国投资者可以通过 QFII，用"注水货币"购买中国"干货资产"。中国股市上许多优质公司股票已经跌破资产净值，而 QFII 大量买入的就是这类资产。

我们提请中国货币当局注意：不能允许此况继续。

---

① QFII（Qualified Foreign Institutional Investors）合格的境外机构投资者。

"货币战"根本不由自主

(2015 年 9 月 22 日)

在开放条件下，这个世界上只要有人在
打"货币战"，那你就跑不了，"不打"
的结果一定是"被打"。

下半年以来，货币市场利率（Shibor）变动幅度不大，
但一直处于上翘状态。尽管货币市场利率波动没什么不正常，
但在压低企业融资成本的时期，这样的持续上翘不好，央行
有责任压住利率水平。毕竟，中国 PPI 已经下滑到 - 5.9% 的
水平，而贷款基准利率还有 4.55%，两者叠加，中国企业贷
款真实的基准利率高达 10% 以上，这对企业而言，负担
过重。

所以，继续压低利率水平依然有很长的路要走。我现在
最为担心的问题是：央行为了稳定人民币汇率，而不愿压低

利率。在我看，这将是非常错误的决策。因为，当全球经济再度面临巨大风险之时，中国经济无论如何都必须转向以内需为主。所以，货币政策必须依据国内的经济状况去制定，而不要过多考虑人民币汇率问题，更不能因为稳定汇率而允许利率上行，或者被汇率绑住手脚。

当然，从利率经验看，非美经济体货币都存在一个重要的问题：上山容易，下山难。所谓"上山"指的是升值过程。升值过程是大量"热钱"涌入的阶段，这时货币升值，国家的经济会呈现"虚假繁荣"景象。但一段时间之后，麻烦就来了。首先，升值过程中所产生的"实际货币紧缩效应"，使国内经济受到长期而严厉的打击，内需极度虚弱。其次，经济基本面的惨淡已经使整个经济体禁不住金融市场的风吹草动，而极易被市场理解为货币高估。两者相加，结果是什么？升值可以是数年的过程——这就是"上山"容易。但贬值——"下山"就不一样了，它很可能是急速、大幅的事情，所以不受伤的概率极低。而急速、大幅的货币贬值往往意味着危机。

去看看日本、东南亚各国不是这样吗？急速而快速的本币贬值，预示着国民在大量兑换外汇并存入外国银行或投资到境外。这不是很麻烦的事情吗？所以，对于抑制这一情况的最基本也是最有效的方法是：关闭资本账户，或实施严厉的外汇管制。我不知道中国是不是已经做好这方面的准备，但无论如何应当做这样的准备。

正因为过往经验告诉我们：在人民币汇率问题上"上山容易，下山难"。所以，现在谨慎小心是必要的。但也绝不能因噎废食，而放弃让人民币汇率回归适度的努力。这样的努力，越晚越被动。因为，利率高企的时间越长，经济内需越弱，货币高估越严重，贬值压力越大，越容易受到攻击。所以，我们必须尽早做好防控准备，在有控制的前提下，允许人民币进入略微低估的状态。然后，才会真正实现有序波动。这样做的结果，也同时解放了中国货币政策的手脚，为进一步压低企业融资成本创造条件。

我想，中国股市应当欢迎这样的汇率手段。只有这样，货币政策才有条件保持适度的宽松，股权价格才可能向上浮动。最关键的是，中国实体经济的金融环境才有可能获得根本改善，实业生产、消费才有可能良性循环。

现在我们的问题是：有些决策部门或领导不承认中国经济问题是货币过紧问题，没有意识到货币松紧条件需要与强势货币国家横向比较的问题。这是个大问题。"货币战"不是谁主张不主张的问题，也不是你想打就打、不想打就可以不打的问题。在开放条件下，这个世界上只要有人在打"货币战"，那你就跑不了，"不打"的结果一定是"被打"。这不由某一个国家的政策决定。所以，中国可以"不打货币战"，但关键是你有什么办法在开放条件下"不被打"，做得到吗？尽管我认为"三元悖论"① 存在严重问题，但如果我们真看懂了"三元悖论"，那就必须意识到："货币战"根本不由自主。这也是为什么欧洲和日本必须跟随美国一起大肆投放货币、压低本币币值的关键所在。

（原载经济网，［2015 – 09 – 22］ http：//space. ceweekly. cn/ niuwenxin）

---

① 三元悖论也称三难选择，它是由美国经济学家保罗·克鲁格曼就开放经济下的政策问题所提出的，其含义是：在开放经济条件下，本国货币政策的独立性、固定汇率、资本的进出不能同时实现，最多只能同时满足两个目标，而放弃另外一个目标来实现调控的目的。

全球货币投放继续发酵

(2012 年 9 月 19 日)

发达国家滥发货币对中国经济"百害而
无一利",而发达国家新一轮滥发货币
之后的中国股市的表现,实际正是对这
一困境的准确表达。

印度的 CPI 涨幅在今年 8 月份超过了南非,达到 10.3%,
而且印度央行也承认:CPI 水平已经超出自己的控制水平。
尽管如此,9 月 17 日,印度央行依然将法定存款准备金率下
调 25 个基点,降至 4.5% 的水平,投放基础货币约 1700 亿
卢比。

无独有偶。在 QE3 和欧元区购债计划公布之后,日元大
幅走高,最高达到 77 日元兑换 1 美元。所以,日本央行也放
出消息,准备实施量化宽松的货币政策,公开名义就是压制

日元升值。从近期日本的贸易数据看，今年二季度日本外贸已经呈现逆差。

我们说过这是一场"货币战争"。实际上，无论叫货币战还是叫汇率战，或称之为贸易战，说到底，都是一回事，都是利益争夺的不同表达。所以，当奥巴马向 WTO 起诉中国政府对汽车及汽车配件实施补贴之时，中国不能仅仅将其视为奥巴马试图以此赢得选票，而更该看到这是国际利益的争夺，是发达国家制造全球通胀，并借以从各个角度打劫弱国的重要手段和战术步骤。

我们必须看到，对于中国而言，发达国家滥发货币，不仅造成中国外汇储备购买力不断减低的损失，同时必然导致人民币升值而阻止出口，从而削弱中国实体经济的国际竞争力；必然导致中国制造业原材料、资源等成本随着国际大宗商品价格的上涨进一步攀升，从而加剧中国成本推动的物价上涨，进一步压制中国内需。与此同时，各式各样的对华贸易壁垒，同样将达到挤压中国制造业规模，迫使中国经济进一步下跌的效果。

中国有学者仅仅把目光盯在通胀方面，以此便断定欧美滥发货币对他们没有好处。真是这样吗？不是。第一，欧美滥发货币可以有效地打劫弱势货币的中国。由于全球资源现货大多控制在欧美公司手里，贸易结算必须使用美元，而这些资源品的期货资源定价权掌握在华尔街手里。所以，当资源价格上涨的时候，欧美资源公司赚钱、金融财团赚钱，而只有中国这样的购买者付出了超常的资源代价。这实际就是"打劫"。

第二，欧美滥发货币使得本国公司多赚钱，实际就是本国经济恢复。同时，由于中国等外汇储备国担心外汇储备贬值，而在本币升值的前提下，势必加大进口。拿着贬值的货币去购买，这当然是吃亏。谁占便宜？滥发储备货币的国家。那买什么呢？现实是：各式各样的保护性条款，使得"你想买的他们不卖，他们能卖的你不想买"。这是世界的无奈，也是中国的无奈，因为他们的货币是国际储备货币，国际货币体系决定了这样的必然结果。

第三，强化了发达国家的比较优势。我们必须看清楚，美国及其跟随者都是美国全球性控制战略的参与者和执行者，全球性控制战略的核心就是"比较优势"。所以，通过滥发货币削弱中国这样的对手，保持自身的比较优势，这就是发达国家最大的利益诉求。

所以我们不断强调，发达国家滥发货币对他们自己"九十九利只有一害"，而且这"一害"也不算事儿。

原因一，经济结构决定了发达国家在全球性通胀中受害最轻。滥发货币引发的全球性通胀一定是从成本端发动，发达国家，尤其是美国，其制造业在 GDP 中的占比只有 12%，相对于占比高达 60% 的中国，欧美经济对制造业成本的忍耐力远远大于发展中国家。

原因二，发达国家日常生活所用的一般消费品，许多都要从中国进口，但鉴于人民币升值等不利于出口的因素，中国出口企业间的竞争将更加激烈，结果是"鹬蚌相争，渔翁得利"，欧美可以通过在中国采购便宜货而压低本国物价。这其实正是过去欧美物价水平并未因自己滥发货币而大幅上涨的关键原因。

但对发展中国家就不一样了。印度、巴西的物价因成本上升而大涨，表面上看是食品价格，但背后实际是农业成本（化肥、电力）价格上涨，加上食品需求刚性，价格传导十分敏感。其实，中国面临着同样的困境。所以我们说，发达国家滥发货币对中国经济"百害而无一利"，而发达国家新一轮滥发货币之后的中国股市的表现，实际正是对这一困境的准确表达。

不错！现在，中国面对的国际问题纷纷扰扰，但我们必须看清所有国际问题都有一个不变的指向和实质：劫持中国经济，劫持中国改革开放 30 年的经济成果。如果这时候我们不能主动应对这场货币战争，那将是对中国经济的严重伤害。印度、巴西为了保护国内经济，顶着两位数的 CPI 上涨投放货币，并借以对抗发达国家挑起的"制造业灾难"，那我们中国该怎么办？

全球央行会怎样行动

（2016 年 6 月 29 日）

> 任何一个国家的货币政策都不是"独立
> 的"，没有可能仅仅依据国内经济状况
> 去制定货币政策。

美国和英国央行没有像欧洲那样的央行论坛，几乎所有
人都认为这是因为他们国内事务繁忙，但在我看来，这其实
很像一种姿态，他们是不是在表明：西方正在"选边站"？
日后，美国、英国和日本是一个"站队"，而欧洲是另一个
"站队"？这当然是一个"隐情"，就算是也不可能现在挑明。
但我们看到的问题是：一方面全球经济已经到了"又一个危
险时期"，为有效对抗这个过程，全球央行和政府必须强化合
作，共同应对；但另一方面，整个世界也正是因为"又一个
危险时期"的到来，而纷纷寻求自保，以至于各国不断走向

分化，不仅使全球经济一体化的原有格局正在受到挑战，而且让各国政策合作的希望变得更加迷茫。

欧央行行长德拉吉在参加欧洲央行论坛时指出："我们可以从政策的协同中获益，我所说的协同指的是大家共同诊断我们所面临挑战的病根，这些挑战影响到了我们所有人，我们还必须共同承诺在此诊断的基础上制定我们的国内政策……全球经济都可以从政策的协同中获益。"他说的绝对正确，而且真是个"美好到极致的愿望"，可问题是：谁会响应？

当然，还有一种看法认为，德拉吉这样说的目的是呼吁再次进行全球性的干预。而之所以做出这样的呼吁，不过是为了稳定当下动荡不安的金融市场。不错，确有效果。全球股市、汇市都在今天——6月29日出现与前期"逆向的走势"。人民币兑美元汇率也因美元指数走低而出现升值方向的反弹。但说句实话，欧洲也好、美国也罢，在其极尽货币宽松之能事，而上市公司质地难有根本转变之时，我们是否可以指望货币政策继续推高股市？至少，它的可持续性是值得怀疑的。但没关系。我认为，现在发达国家的金融当局可能并不指望股市持续性上涨，而只要保持健康调整姿态就足够了。毕竟，他们的股市在金融危机之后已经大涨过5年，而现在也并非便宜的状态。

德拉吉还称："我们不能仅仅在我们的职权范围内来考虑

我们政策的组成，我们还必须考虑全球政策的构成，以求将货币政策的效率最大化，这样我们各自的使命都能以最佳的方式达成，同时无须过度使用进一步的货币政策。这已不是偏好或选择的问题，这就是我们所面临的新现实、新常态。"这话说得太有意思了。他实际上在告诉我们，任何一个国家的货币政策都不是"独立的"，没有可能仅仅依据国内经济（我们的职权范围内）状况去制定货币政策。因为，那样的货币政策成本太高。

　　当然，也有人认为，这样的言论或许也意味着德拉吉"质疑货币政策的有效性"。但我认为，不管是怎样的内涵，这席话都应当被中国的货币政策决策者听到。或许它可以帮助中国避免继续为所谓的"独立货币政策"而付出巨大代价。过去很长一段时期，我们依据"三元悖论"的原理，在不断开放的前提下，试图通过扩大人民币汇率浮动幅度而获得更加独立的货币政策。但结果是：人民币在贸易顺差刚性增长的过程中被严重高估，并对中国经济产生了巨大的负面影响。

　　有人会说，现在人民币不是已经没有升值压力了吗？不错。但我们必须意识到：当年人民币不断升值并不是因为中国经济有多么强健，而是因为中国货币政策"独立紧缩"，导致"国际套利热钱"大量流入，而使外汇市场始终保持着"美元等外汇供过于求"的状况；但现在，人民币贬值压力源自何处？毫无疑问是因为中国经济内需严重不足，经济增长下行压力巨大，债务杠杆过高，等等。

这当然是麻烦事。人民币升值基于"独立紧缩的货币政策"，基于它所导致的市场供求关系畸形；但人民币贬值却基于中国经济基本面。这说明，过去的货币政策过于独立，而导致了今天的中国经济基本面恶化。我们现在还要延续过去吗？

至于全球央行将会采取怎样的措施，这个问题恐怕用不着回答。因为，德拉吉的愿望不会实现，而整个世界只会走向进一步的分裂，走向各行其是的方向。那各国货币政策是不是会独立起来？没戏，只会贬值竞争。

美元挑战

(2015 年 12 月 28 日)

> 国际货币体系的新旧交替从来都是长期
> 的，从来都需要激烈的争夺。

以美元为核心的国际货币体系已经持续了 70 年。70 年间，每一次美元的变动都牵动世界，而美国也正是利用这样的牵动控制着整个世界经济。美元政策是美国的国内政策，全世界只有美联储这样看，正如格林斯潘所说，美元是我们的货币，但问题却是你们的问题。也就是说，美联储完全可以"不去考虑"他国感受而完全依据自己的愿望调整货币政策。为什么要在"不去考虑"四个字上打引号？因为，我不认为他们"不去考虑"他国感受，而是考虑，只不过需要对美国有利。

任何时候都不要以为美国的政策，包括外交、军事、经济等所有政策仅仅是美国的国内政策，因为美国的国内政策和国际政策是不可区分的。比如，再工业化是美国国内经济政策吗？是，也不是。说"是"，那是因为美国"再工业化"的确是要在本土增加制造业比重；说"不是"，是因为单纯依赖美国国内资本无法快速而有效地实现"再工业化"，而必须有办法、有能力使美国获得全球资本支持。正因如此，美国长期压低长端利率，在促使金融市场更有效地形成资本的同时，强化美国投资环境更有利于实业资本发育。

但纵观当今世界，谁不需要资本？所以，货币战其实越打越酣。美元零利率维系了 5 年，实际已经难以为继。关键不是美联储不愿意继续，而是市场的风险偏好之大，已经不允许它继续。所以必须加息，但是不是会导致美元无度升值，从而对美国经济，尤其是实体经济构成威胁？另外，那些在美元加息过程中利益受到伤害的国家，其损失如何才能变成美国的收益？美元是不是还能充当洗劫他国利益的工具？这既是以美元为核心的国际货币体系是否依然坚实的体现，也在考验着这一货币体系的坚实程度。

最近有些新动向值得关注。美联储加息不过几天之后，美联储全体重要官员罕见地、毫无争议地出来为美联储的决定"站台"，并尽可能表现出"鸽派"立场，从而稳定市场信心；欧元区依然强硬地坚持和扩大负利率政策，压制欧元币值，并使美元显得相对坚挺，同时欧洲各国政府在世界各地吸引实业投资；俄罗斯以强化反洗钱制度的名义，开始加大资本管制力度，同时与中国加大能源合作，并尽可能摆脱美元结算。与此同时，美国还出现了异样的声音，民主党总统候选人和国会部分多数派领袖开始要求审计美联储，他们认为美联储的政策不是美国人民的政策，更不是美国实业发展的立场，而是华尔街利益的体现，等等，许多现象耐人寻味。

这是不是预示着以美元为核心的国际货币体系加大了晃动的程度？也许，至少当下有此迹象。比如，当油价和国际大宗商品长时间"喋喋不休"之后，石油美元和商品美元出现枯竭在所难免，而加息更使得大量美元回流美国本土。这样的态势势必导致全球性的美元短缺，这样的流动性短缺会不会导致其他替代货币的出现？现在还说不清，但2016年我们会看到怎样的情景？

其实，全世界的无奈已经经过了70年。欧元的诞生其实就有对抗美元的韵味，至少欧元区内部的贸易结算已经完全无须美元。而欧元在全球储备货币当中的占比从零已经提升到20%左右，而现在又多了人民币，美元在国际储备货币当中的份额势必继续减少。实际上，尽管新兴经济体的外汇储备下降的确是事实，但这其中是不是蕴含了一种变革的味道？我看，值得观察。

没有理由为此感到丝毫的快慰，因为国际货币体系的新旧交替从来都是长期的，从来都需要激烈的争夺，从来都不会一帆风顺。至少我现在反对一种说法:认为人民币加入SDR①就可以很快替代美元。这不仅不现实,而且很荒谬。应当说,人民币国际地位的提高一定是个自然而然的过程,而且就算获得大幅提升,国际货币体系有所改进,也是多种货币共存的过程。所以,我们的学者必须注意把握说话的尺度。

无论如何,美元统治世界 70 年了。全世界的厌烦情绪已经非常强大了,当然应当变变了,但是不是能变、变到什么程度,至少现在还是未知数。

(此文曾以文章名《以美元为核心的国际货币体系还坚实吗?》原载《中国经济周刊》2016 年第 1 期,作者有改动)

---

① 特别提款权(Special Drawing Right, SDR),亦称"纸黄金",最早发行于 1969 年,是国际货币基金组织根据成员国认缴的份额分配的,可用于偿还国际货币基金组织债务、弥补成员国政府之间国际收支逆差的一种账面资产。其价值目前由美元、欧元、人民币、日元和英镑组成的一篮子储备货币决定,成员国在发生国际收支逆差时,可用它向基金组织指定的其他成员国换取外汇,以偿付国际收支逆差或偿还基金组织的贷款,还可与黄金、自由兑换货币一样充当国际储备。因为它是国际货币基金组织原有的普通提款权以外的一种补充,所以称为特别提款权。

美元贬值的言外之意

(2016 年 2 月 5 日)

各国货币竞相贬值的背后，其实是实业
资本的争夺。

最近，《人民日报》等媒体连续刊发评论，反击国际金
融大鳄唱空、做空中国的言论，反击国际势力攻击中国的舆
论。这样的做法非常正确，而且"炮火"还嫌不够，因为许
多民间媒体的舆论导向还是存在问题的。尤其是一些亲美、
亲西方的媒体，尽管它们没有原创性的言论，但"选择性倾
向"依然表露无余。所以，如何引导舆论，通过引导舆论为
境内市场提供正确的预期，同时加大中国舆论对外的影响，
这方面，我们有大量的工作要做，有大量的心理学方面的常
识需要研究和借用。

但仅有媒体方面的言论是远远不够的，中国各经济部门

是不是也该对市场预期引导发挥积极作用？发改委主任徐绍史今天发表言论，从五个方面反驳了境外势力最近一再引导的所谓"中国经济硬着陆"的预期。但是，徐绍史先生的言论是不是能讲得更加艺术一些？比如，用一些比较、用一些前景描述性的方式，让人们不是只看到现在的市场规模，而是增强市场对未来的信心？

我们一再强调，金融战首先是舆论战。因为，舆论决定预期，预期决定价格。其实，搞市场经济也同样如此，市场预期至关重要。预期好，老百姓、企业才敢于投资、敢于消费，经济良性循环；预期不好就不敢投资和消费，而经济则恶性循环。所以，我们看到美国金融危机之后，采用了大量手段去管理预期。比如，经济虽然不好，但他们大量使用"好于预期"的概念。先让经济学家预测，经济学家一般比较保守，而且看到的问题较多，所以一般给出的数据都比较难看，但最终的统计结果高于经济学家的预测，这就叫"好于预期"，而市场因此而受到激励。总是"好于预期"的结果，让人们预感到经济好转，而这样的结果会给社会以强大的"正能量"，并保持经济的良性循环。

再比如，美国的失业率到底有多高？现在的统计显示已经低于5%，但这是真实的失业率吗？我看到的报道显示，大量已经过了失业保障期限同时放弃寻找工作的人群数量空前庞大，而他们已经被排斥在失业率统计之外。如果把这部分人群纳入失业率统计，美国真实失业率高达10%以上。但我们能看到真实数据吗？看不到。这说明，美国已经把相当大的一群人踢出了社会需求，使他们基本停止了社会资源消耗，变成自生自灭的人群。恐怕所有人都知道美国失业率掺假了，但谁都不道破这个事实，为什么？因为，他们需要这个数据去影响市场预期，去激励经济良性循环。

所以，中国需要学习，不是去学习造假，而是学会"更加艺术"地处理问题，学会辩证地分析和解释问题，学会向人心输入"正能量"，从而保持中国经济的良性循环。一点儿都不错，我们一再强调良性循环，这是至关重要的经济调控的学问。但我们这些年宏观经济调控存在一些问题，有时在不解释、不疏导、不沟通的前提下，忽左忽右。这样的做法也导致市场大起大落，债务市场利率大起大落，股票市场也一样。

在经济舆论的引导方面我们与美国确实存在巨大差距。说实在话，中国的舆论主管部门不可谓不庞大，不可谓没力度，但他们当中有谁懂经济？有谁能看破西方以及国内经济舆论的内涵和用意？有谁在没日没夜地研究应当如何引导经济舆论？如果没有一整套常备机制，中国经济舆论必然时时被动，必然给中国经济带来"量变到质变的恶变"，所以，中国必须补上这一课。

还有，面对做空势力，中国除了舆论反击之外，我们还要认真自省，找到形成做空理由的"核心问题"，并加以改变，这样我们才能有效对抗国际投机客的恶意行为。我这些年、这几天已经在不断陈述这一事实：中国某些金融领域的改革存在一些问题，才导致我们经济今天的结果，我们必须认真修正。否则，境外金融大鳄们看得明白，不管你现在怎么说，他们都会沿着自己看到的客观经济逻辑，预判你的未来。因为，只要你的"死结"还在，恶化的逻辑未被清除，那问题的发生只是早晚的事。所以我们的关键是：斩断导致中国经济不断恶化的逻辑线。

我们是不是已经意识到，各国货币竞相贬值的背后，其实是实业资本的争夺？2月3日，美元突然大幅贬值，其言外之意就是：我们需要实业资本，而不需要套利资本。美元贬值的直接市场效果是：赶走套利"热钱"，让它们到中国去"搅和"，并通过人民币相应的升值进一步恶化中国实体经济金融环境，同时让更多的实业资本流入美国。这一点，欧洲和日本看得非常清楚，所以它们纷纷采用负利率政策，同样在制造大量"套利热钱"，而使其本土更加适合实体经济生存。

所以，如果美元贬值成势，对中国乃至全球麻烦事都会很大。第一，大量热钱会不会以更大的攻势狙击人民币？第二，资源类大宗商品价格如果因美元贬值而暴涨，全球经济会不会进入滞胀期——物价上涨，经济回落？第三，整个国际货币体系会不会因此而崩盘？第四，全球经济会不会重新走向新一轮割据状态？所以，中国的眼睛不能总是盯住人民币汇率，而更核心的问题是如何在实业资本争夺中获胜。我们看到，中国 QFII 正在不断放宽准入，但我希望中国不要向金融市场提供过多的做空工具和衍生品，而应严厉压制货币投机，让中国金融的运行速度慢下来，安静下来，切切实实变成为实体经济服务的金融。

美联储在等中国犯错误

(2015 年 9 月 16 日)

人民币大幅、快速、恶性循环般的贬值
对美国非常关键，也是此次金融危机过
程中其最大的期盼。

美联储会在此次议息会议上决定加息吗？我看会和不会
都不重要，重要的是：美国在等待一个连续、大幅加息的时
间点。这个时间点，就是中国政策出现重大失误的时候。

很明显，如果美联储加息，美元升值，势必导致人民币
相应贬值。那人民币是以怎样的方式贬值？是有控制的平稳
过渡式的贬值，还是恶性循环般的贬值？这是问题的关键。
如果是平稳过渡式的贬值，中国外汇储备将付出怎样的代价，
这是美国需要评估的。如果是恶性贬值，那将是美国最开心
不过的事情。因为，它正好用升值货币大肆购买中国贬值的

资产。那人民币贬值，人民币资产会贬值吗？这又是一个关键问题。

我们必须认真分析。如果人民币有控制地稳定小幅贬值，人民币资产价格应当上升，而不是下降。这一点，经常被中国经济学界，尤其是证券界搞反了。为什么人民币贬值，人民币资产价格应当上涨？这就像通货膨胀，人民币贬值是因为人民币相对美元供给增加，是对外通胀。如果我们把资产看成商品，那通胀背景下，用人民币购买商品应该更贵，还是应该更便宜（物价是涨是跌）？当然是贵（涨）。所以千万别搞错，人民币贬值过程应当是人民币资产价格上升的过程，而不是下跌的过程，包括股市在内。

人民币有序贬值会导致中国外汇储备下降吗？当然会。但也要辩证看待。第一，人民币小幅贬值预期之下，外汇储备会减少，但这恰恰体现了发展中国家外汇储备的一个关键作用——国内经济的"防护垫"。第二，人民币小幅贬值预期，有利于中国商品的国际竞争力，出口的增加会使贸易顺差加大，对冲外汇储备的减少。

那为什么人们会担心人民币贬值导致人民币资产价格下跌？因为，人们担心人民币会出现恶性循环般的大幅贬值。如果出现恶性循环般的大幅、快速贬值，那所有人都担心"人民币资产价格的上涨速度对冲不了人民币贬值的幅度"，所以会纷纷抛售人民币资产，目的是用人民币兑换外币，以期货币保值。所以,一定要意识到,人民币大幅、快速、恶性循环般的贬值过程中,人民币资产价格下跌,一定是兑换外币需求导致的,而不是人民币资产本身应当跌价。

股市也是这个道理。当人民币出现小幅贬值预期之时,也是中国货币政策相对宽松之时,股票市场应当上涨,而不是下跌。因为,有小幅贬值预期,资产价格涨幅远远超过货币贬值幅度,所以不仅不会引发股票抛售,反而会增加市场风险偏好,而使股市上涨。事实上,美国、欧洲、日本股市过去的市况恰恰证明了这样的过程。当时,美元大肆"注水",而欧洲闹债务危机,日本跟随"放水",其结果是:美元、欧元、日元升贬互现,没有出现谁升值过度或贬值过度的过程,于是吸引了大量股权投资偏好的资本,推高了他们的股市。

但人民币快速、大幅、恶性循环般的贬值就不一样了。所以我们一定要搞清楚:什么样的人民币贬值对中国利大于弊,什么样的贬值对中国弊大于利。我坚信,美国希望人民币快速、大幅、恶性循环般地贬值。因为这对美国大大有利。为什么?因为美国可以趁美元升值这一有利于美国对外收购的货币环境,用大量注过水的货币,收购中国实实在在的实业资产,从而一方面全方位控制中国经济,另一方面让注水美元变得更加坚实,消除美元泡沫。这恰恰是货币战争最终分出胜负的关键。也正是美国等待加息时机的关键原因,因为它希望加息可以给自己带来最大化的利益。

中国什么样的政策是错误的？至少有以下四点。第一，中国资本项目过度开放，这将给"注水"美元廉价收购中国资产创造必要条件；第二，人民币完全可自由兑换，这是引发全民抛售人民币的必要条件；第三，人民币汇率自由浮动，这是任由人民币贬值而政府不可干预的必要条件；第四，为了人民币加入 SDR 而以上述条件交换。

为什么是中国？因为当今世界还有两个，也只有两个以"实体经济为本"的大国，其一是德国，其二是中国。美国要想撼动德国、把德国的实体经济收归囊中不可能，所以只有中国。我认为，美国的"再工业化"绝不仅仅是本土实体经济的恢复，而是在全球经济战略的指引下，重新组合全球经济产业链，并实现以美国为主导。所以，人民币大幅、快速、恶性循环般的贬值对美国非常关键，也是此次金融危机过程中其最大的期盼。

事实证明：美国和整个发达经济体非常担心人民币小幅贬值。前一段时间，央行通过中间价形成机制改革突然让人民币贬值 3%，因而震动世界。我认为，突然贬值 3% 属于可控范围内的小幅贬值。为什么此举会惊动世界？为什么美股因此而大跌？为什么它甚至干扰了美联储加息的步伐？我认为，这恰恰说明美国等发达国家非常担心且不愿看到人民币以这样的方式贬值。所以事后我们看到，西方舆论一方面以"理解或承认是推进改革"而稳定本国市场，同时借此恶意攻击人民币，制造中国股市恐慌，甚至大肆释放发展中国家货币如何受此影响的舆论。我认为，其目的只有一个：阻止中国小幅贬值人民币的做法，阻止中国货币政策的正确选择。

事实还证明：不用说资本项目开放，就是长达十余年的经常项目开放，也已经使中国外汇储备当中混入了大量"境外套利热钱"，而此次"小试牛刀"的攻击中，中国经常项目下的许多严重问题已经暴露无遗。在此前提下，如果我们进一步放开资本账户会怎样？这不是因为胆怯、缺乏自信，而是因为历史多次证明：资本账户管理是发展中国家最有效的、最低成本的、最后一道经济安全防线。现在，国内经济下行压力巨大，人民币汇率实际十分脆弱，几乎不能贬值，只要发生一点贬值，不仅巨额外汇储备缩减，而且他们还会大造舆论说：按照这样的外汇流失速度，中国人民币最多坚持10个月。并借以制造中国货币恐慌，进而绑架中国货币政策——只能紧缩，不能宽松，加剧中国经济下行压力。要知道，当中国PPI（生产者价格指数）负增长达5.9%的时候，就算贷款基准利率已经降至4.55%，中国企业实际贷款利率也高达10%以上，这是何等残酷的利率水平？

所以，中国的货币政策必须依据国内的经济状况，依据内需拉动原则去制定，而绝不能被汇率绑架，这是中国当下最核心的政策理念。否则，一切拉动经济的财政手段，都将被相对过紧的货币政策摧毁。

（原载经济网，[2015-09-16] http://space.ceweekly.cn/niuwenxin）

美国禁止中国宽松货币

（2014 年 6 月 12 日）

人民币升值的时候，美国只会要求改革的步子更大，而贬值的时候它会说"中国汇改倒退"。

　　当中国刚刚可能实施"中性微宽"的货币政策，而人民币兑美元汇率小有贬值之时，美国就受不了了。前不久，雅各布·卢访华前对美国媒体声称，他到北京要与中国领导人商谈人民币汇率问题。而现在，再次告知世界，美国将于今年 7 月份举行高级别会议，就加速人民币汇率改革等多项改革措施的进程对中国方面施加压力。值得注意的是，今年 7 月，第六轮美中战略与经济对话将在中国北京举行。雅各布·卢、美国国务卿克里将与国务院副总理汪洋和国务委员杨洁篪共同主持本轮对话。很明显，这两件事是彼此相连的。

"让人民币汇率形成机制更加市场化",这是美国两年来一直沿用的提法。表面上看,这样的提法没有直接点明要"人民币升值",但从做法上看,我们必须看到,人民币升值的时候,美国只会要求改革的步子更大,而贬值的时候它会说"中国汇改倒退"。所以,美国人嘴里的人民币汇改就是"升值",而不是所谓的"市场化"。

我们多次重申,美国强迫人民币升值实际是"醉翁之意",其弦外之音是"中国必须紧缩货币"。去看看人民币升值的历程吧,从 2005 年 7 月 21 日开始,中国货币政策是不是一直在紧缩?除了 2008 年金融危机之后,中国实施适度宽松货币政策,人民币才保持了两年的稳定,而"重启汇改"之后,中国货币政策实际是"名稳实紧"。同样,金融危机之后,美国、欧洲、日本为了自身的货币贬值,大搞 QE。为什么,因为没有国内极度宽松的货币政策,货币不会贬值。

所以,我们经常受到一种误导,好像利率政策和汇率政策是两回事,比如"三元悖论"。但实际上,这两个政策是一回事。本币升值、贬值必须获得国内货币政策或紧或松的配合,这恰恰是国际经济一体化、金融开放、资本自由流动的过程中必然出现的问题。

有人说:这些年,人民币对外升值、对内贬值。这是什么道理?我可以明确地告诉大家,这是中国财富遭劫的具体体现。中国正在从多个角度被发达国家(货币宽松国家)

"劫持"。第一，中国货币紧缩所导致的利率高企，必然引发国内实业资本流出而套利资金流入，这一出一进之间，中国实业资本多年积累的财富流出，而套利资本流入从利差、汇差角度同样套走的是中国人的财富。

第二，国际计价、结算货币宽松，必然推高资源期货价格，金融财团在金融市场大赚其钱之后，把资源实物卖给中国这样的商品加工国。这等于说，中国为资源价格的高企买单。这样的过程，使中国商品价格从成本端（利率高企、资源高价、劳动力价格上涨等）被不断推高，这实际就是发达国家通过国内生产企业"打劫"了中国老百姓。所以，这不是人民币对内贬值，更准确地说，这是中国人的财富因被"劫持"而贬值。实际上，股市行情就是明显例证。

人民币升值、货币收紧实际是房价上涨的根本动力。因为，实业投资前景渺茫之后，大量资本必将堆积到房地产领域，因为房地产投资的高杠杆，注定其资本收益还算客观，对高利率的抵御能力比较强大，加上人民币升值过程中，境外资金流入在需求方面的支撑，这是人民币升值过程中房价一直坚挺的关键原因。要知道，中国有 4000 万华侨在世界各地，人民币升值必然促使他们希望在国内购买房产。

相反，现在人民币刚性升值趋势开始松动，而房价如何？是涨是跌？所以，认为中国货币宽松会进一步推高房价的说法十分荒谬。我坚信，如果房屋需求仅仅来源于国内居民，房价不可能涨到那么高，因为买不起，需求必然回落。

所以，我们一定要明白美国要求人民币升值的目的。它不过是在逼迫中国经济走向死亡，从而在这个世界上铲除一个强大的竞争对手。为了中国经济安全，为了我们能够实现"中国梦"，我们希望中国政府强化主权能力，不仅在军事上，同样也该在经济上。而拒绝货币紧缩、拒绝人民币升值，充分维护中国经济利益，就是一种最有效的宣誓。

美国在装糊涂

（2014 年 4 月 8 日）

> 美国在逼迫中国紧缩货币，逼迫中国拉
> 高经济成本，最终搞垮中国的实体
> 经济。

过去 8 年间，人民币升值 40%，背后永远存在一条高悬的"霸主钢鞭"，那就是美国对人民币币值的横加干预。现在，人民币刚刚出现些许贬值，美国的干预又来了。有美国财政部高级官员表示，"如果近期人民币贬值暗示中国将背离向市场汇率机制转变的政策方向，将引起严重关切"。

一个始终高举"自由"旗帜的国度，却从来也不给别人"自由"，这正是霸权者的为人和为事。怎么办？我看，只有"你打你的、我打我的"，让一切强加在中国人头上的"经济殖民主义规则"作废，才能使中国经济重新获得"解放"。

这也是我一直主张"改变人民币汇率形成机制"，不去跟随"经济殖民圈套"的关键原因。

美国为什么逼迫人民币升值？美国人的说法是为了贸易的平衡。因为人民币贬值会使中国商品更便宜。包括国内学者在内，许多人都相信这个"道理"，但事实却在否定这个"举世公认的道理"。

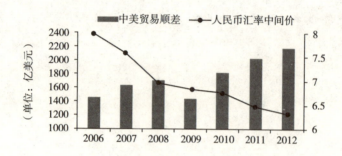

图1　中美进出口贸易与人民币汇率走势图

数据来源：海关总署、外汇交易中心。

图1是一张中美贸易顺差和人民币汇率的走势图。这张图显示：人民币大幅升值的过程中，中美贸易顺差刚性增长。这就是事实。它说明，人民币升值无法消除中国贸易顺差，无法改善中美贸易失衡，无法使中美实现所谓的"再平衡"。

为什么会这样？第一，开放的中国无法阻止加工贸易订单进入中国，而加工贸易的定价方式（成本＋3％利润），无法使人民币升值推高中国加工出口贸易商品价格；第二，加工贸易的刚性顺差将没完没了地推高人民币币值。这就形成了一个重大的恶性循环，即刚性顺差刚性推高人民币币值，而人民币升值无法减少顺差。最终，这将使人民币严重高估，货币投机盛行，房价不断上涨，实体经济消亡，经济空心化，从而构成严重的经济泡沫。

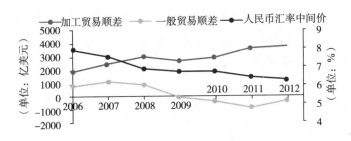

图2 进出口贸易方式总值表

数据来源：海关总署。

图2恰恰证明了我们的判断。人民币升值过程中，加工贸易顺差只升不减，但中国的一般贸易却出现了逆差。这说明：第一，人民币过度升值扭曲了中国的经济结构，大量消耗中国资源的加工贸易繁荣昌盛，而中国自主品牌、自主技术的一般贸易却被人民币升值严厉压制；第二，贸易失衡是全球产业分工的必然结果。

实际上，加工贸易的客观存在，已经从根本上破除了"货币币值与贸易顺差之间的理论关系"。"升值减少顺差，贬值增加顺差"的理论，只存在于各国经济结构基本一致的时代，而现在，各国产业结构差异巨大，美国到中国购买商品，是因为它根本不生产，所以非买不可，而这也是美国巨大的"铸币税"收益。在此前提下，谈什么货币币值决定贸易顺差？没有相同的商品，如何比较谁便宜谁贵？

我认为，美国人对此心知肚明，现在的说法不过是"揣着明白装糊涂"。那它为什么要装糊涂？明确地说，它在逼迫中国紧缩货币，逼迫中国拉高经济成本，最终搞垮中国的实体经济，把中国逼向金融危机、经济危机，然后用"注水的货币"大肆收购中国实业资产，并通过大规模通货膨胀让全体中国人民为美国创造巨额利润。这不仅可以填补美国因此次金融危机而形成的巨额金融黑洞，而且还从根本上控制了中国。

不是吗？为什么美国对人民币施压都会选择中国需要松动货币政策的时候？这是阴谋？我看用不着下这样的定义，因为这是明明白白的事情，多少懂一点经济学常识的都可以看懂。

美联储为什么颠三倒四？

(2016 年 3 月 30 日)

美联储需要大规模的市场心理干预，既
要让人们感到它在不断加息，又不能真
实加息。

美联储不同的委员发出不同的声音，这是常态，也是不断调试市场心理，更是美联储需要不断吸引全世界目光，而使美联储全球性货币政策更加有效，更加有利于美国经济的必然选择。尤其是现在，美联储需要叫嚷加息，但它明明白白地知道，加息这个手段能够被其利用的空间"极其有限"。换句话说，鉴于美国以及全球经济情况，真正能够给予美联储的利率操作空间最多 1 个百分点。所以，美联储需要大规模的市场心理干预，既要让人们感到它在不断加息，又不能真实加息，让美国经济承受"不恰当的代价"。

或许正因如此，美联储在 2014 年年底停止扩大 QE 之后，就渐渐释放加息舆论，但直到一年之后才把利率轻微地上调了 0.25 个百分点。此间，加息被媒体反复炒作，美联储各方人士频繁对此发表看法，从一季度到三季度，每个季度都叫嚷着要加息，但真正加息已经是 2015 年年底（北京时间 12 月 17 日凌晨 3 点）的事情了。

这是金融危机之后 10 年，美联储首次加息，而自此，市场认为美联储进入加息通道，并产生每季度加息一次、连续加息的预期。但期待了 3 个月之后，情况变了，美联储第一季度加息预期告吹，同时将 2016 年四次加息的可能性减弱为两次。于是市场对美联储加息的关注开始弱化，但就在这个时候，美联储四位委员大佬先后出马，在不同场合扬言 4 月份可能加息，而且打破季度末加息的惯例，声称每个月都有可能。这样的所谓"鹰派"言论再次点燃市场对加息的关注，但就在北京时间今天凌晨，美联储主帅耶伦女士又开始释放"鸽派"言论，她在纽约经济俱乐部发表演讲时指出，等到经济运行火热时再脱离联邦公开市场委员会目标利率所处的零利率区间是非常合理的。在她看来，决策层在加息问题上"谨慎行事"是适当之举，因为全球经济面临的风险增加。

一言已出，市场反响强烈。美元大跌，美股上涨，一改此前"加息预期强烈"之时的走势，而相应的，人民币兑美元的中间价大幅升值 219 个基点。由此可见，美联储的货币政策对全球影响并未因金融危机而弱化，而事实上反而在加强。这恰恰是美联储、华尔街和美国政府都希望看到的结果：美元霸权获得巩固。

我们必须重视这一问题。美国的经济政策一向是多目标的，但不要以为仅仅是为了解决国内问题。当然，国内目标是必需的，现在它在关注就业和通胀。但我认为，它更关注全球的经济状况：必须在其他某些国家——比如中国经济虚弱到一定程度、贬值预期最强烈的时候，拿出第二次加息的手段。实际上，上次美联储加息之时，就恰恰吻合了中国股市最艰难时期，同时，在中国经济"崩溃论"的叫嚣之下，使人民币汇率频频遭受"做空中国"势力的攻击。所以，我们需要小心防范，而我们最近关注到的一些严重问题需要特别重视，这就是房地产、股市、互联网金融方向上的"新杠杆"问题，任由其恶化，我们将再次遭受攻击。如此恶性循环，我们还能撑多久？

美联储玩弄利率手段还有一个重要诉求：抑制石油价格。第一，它现在不敢让石油价格飞升，因为，再工业化已经使美国对油价的敏感度大大增强，所以，如果此时油价飞涨将打断美联储低利率政策，同时打断美国再工业化进程；第二，美国不敢让俄罗斯的日子更好过，那样将对美国军事霸权构成威胁，同时撼动美元霸权的一大基础；第三，如果此时油价暴涨，全球经济都将陷入滞胀窘境，美国政府将承受巨大压力，经济同样自身难保。

所以，美联储和全球央行一样，都在"走钢丝"，既需要保持极低利率和极度宽松的货币政策，又不希望石油价格因此而暴涨。所以，全世界都在炒作"供求关系"，但最近有点变味，市场对美联储动作的关注有所提高。尤其是美联储加息之后，居然油价、金价、美元指数走势出现了一些异样。比如，美元加息预期强烈的情况下，美元指数反而开始走低，而油价、金价也出现了一波翘动。这都是一些很有意思的动向。美联储四位大佬出面叫嚷加息之时，油价、金价开始下跌，但耶伦出面表示要谨慎加息，安抚股市、楼市和美国经济。

基于这样的认知，我希望中国政府要有定力。既要密切关注其一举一动，又不必太过敏感。关键是：一定要大幅提高外汇市场和资本流动的管理能力，让货币政策更加集中去解决中国国内的经济问题，给中国内需经济创造一个稳定发育的环境。我认为，在全球经济极度动荡的时期，中国必须集中精力解决好自身的发展问题，而这时候的金融管理也必须以"为国内经济创造一个安全、稳定的环境"为目标。所以，我们在加大对外金融开放力度的方向上要更加谨慎小心。

（原载经济网，［2016－04－12］http：//space. ceweekly. cn/ niuwenxin）

美元、欧元"双簧戏"

(2015 年 1 月 27 日)

> 欧美轮番通过货币贬值劫持发展中国家、新兴市场经济国家尤其是中国的实业资本。

对欧元大规模量化宽松市场有多种解读。比如,拉响货币战的警报;比如,欧洲治理通缩,等等。都有一定的道理,也都感觉不完整。那到底该如何解读?我提供一个解读,借以补充各方看法。

我认为,美元和欧元在演"双簧",有意构建欧美货币争夺的烟幕,而背后却是欧美轮番通过货币贬值劫持发展中国家、新兴市场经济国家尤其是中国的实业资本。

之所以如此判断,源自我的一贯看法:当今世界,金融至上 30 年,大量资本脱实向虚,金融资本无度膨胀,而这个过程中，实业资本已经变得极度稀缺。此次金融危机发生之后，所有发达经济体都意识到这样一个问题：实业才是一国经济的底蕴。正因如此，后金融危机时代，一定是"实业资本大争夺"的时代，而大规模量化宽松以及美联储空前的扭曲操作——锁短放长，实际都是在"重塑资本"，推动实业资本的回归。

不是吗？其实我们应当看到，整个危机过程中，最为亮眼的经济体一个是中国，一个是德国，而这两个国家最大的共性是实体经济为本。但现在，这两个国家的经济命运正在出现分化。

在整个危机期间，尽管德国不同意欧洲大规模 QE，但它却想方设法甚至不惜营造主权债务危机而压制欧元币值。我们看到的事实是，只要美国宣布一次 QE，欧洲的主权债务危机就加重一次，而且德国永远站在"拒绝救助"的立场上。我认为，其目的就是要用"非货币手段"压制欧元币值，同时通过抑制货币投机，压制欧元利率，从而加大欧洲对实业资本的吸引力，至少让这一吸引力不输给美国。一段时间之后，主权债务危机威胁到法国、德国时，欧洲宣布向银行无条件提供流动性，于是债务危机瞬间结束。实际上，德国的目的是迫使重债国不得不出售资产而降低债务率，其本身就是吸引实业资本的方式。同时，不希望欧洲效仿美国，也是为了保持德国实业优势的方法。包括现在德国反对欧洲 QE，核心内涵不是救不救重债国，而同样是担心法国实体经济超越德国。

相反，中国上当了。在危机后期，中国迫于压力开始"重启汇改"而随之紧缩货币，迫使人民币升值。这恰恰是中国货币投机爆发、金融短期化、资本脱实向虚的开始，也是中国实业资本外流的开始。人民币升值加上贷款利率高、期限短的问题，严重恶化了中国实体经济的生存环境，这恰恰是欧美希望看到的结果，而它们的实业环境日益优化，这和中国形成鲜明反差。

我认为，尽管各种表象存在差异，但从本质上看，中国当下的情况酷似当年的日本。

"广场协议"签订之后，日本利率、汇率改革加快，为了应对这些变化，日本的经济策略就是：让日本有竞争力的企业直接去欧美投资，同时把低端制造业输往东南亚、中国——输出实业资本，而本土经济转变为以服务为主——当时日本号称要做"亚洲金融中心"，同时引导本土企业转型升级。结果是什么？利率市场化和汇率自由化使日本金融迅速短期化，利率上升。在此背景下，日本制造业开始浮躁，利润快速下滑，长期资本短缺，而逼迫大量资本脱实向虚，炒房炒股；同时，向企业提供"长期低息贷款"的主办银行制度面临威胁，其存在的基础被掏空而无以为继。最后，金融和经济一起崩溃。这正是日本——一个以实体经济为本的国家，走向衰败的真实轨迹。

所以我们必须意识到,"广场协定"的表面起因是日本贸易顺差引发的"贸易战",但实际是 OECD 瓜分日本实业资本,废掉日本制造业实力的过程。当然,中国改革开放之后,部分地接续了日本制造业实力,此时我们也获得了 30 年的快速增长。现在,我们是不是要自废武功而变成第二个日本?

当年,废掉日本是欧美一起动手,而今天要废掉中国(不只是中国,但主要是中国)不过是"你方唱罢我登场"而已。之所以产生这样的时间差,其主要原因是欧洲统一货币的出现,欧元区内部意见不一的结果。所以,如果我们不想成为第二个日本,答案很简单:我们必须通过压低利率的手段有序引导人民币适度贬值,而不是没完没了地升值。但这也会导致一系列的重大问题,比如外汇储备增长,国际压力巨大,等等。毕竟货币政策(包括汇率政策)是柄"双刃剑"。所以,我们还需要一些重大的结构性政策,抑制出口,尤其是抑制加工贸易,以减低贸易顺差。

不管我提出的观点和建议是否行得通,关键都是要确保中国实体经济健康发展。现在有人说:实体经济不只是制造业,服务业也是实体经济。我不以为然。服务业一定是皮上之毛,皮之不存毛将焉附?所以,万万不可自欺欺人。至少,第二和第三产业相辅相成,万不可厚此薄彼。

欧洲必将加大货币投放

(2013 年 4 月 26 日)

> 欧洲加大货币投放是必然的事情，用不
> 着怀疑，因为美元投放不会停止。

在是否跟随美国大量投放货币的问题上，欧元区的两位主帅曾经分歧不小。德国不愿意过量投放货币，但又希望欧元别升值，否则德国工业会受到极大冲击；但法国不这样看，它积极主张通过投放货币对抗美国的极度量化宽松，以实现欧元的贬值。当然，名义上一定都是针对欧洲经济复苏，而当然不能针对美国说事儿。但美国刚刚开始 QE 的时候，欧洲反应其实非常激烈，法国总统和英国首相专门在《纽约时报》撰文批评美国的"不负责任"行为，但显然没有任何效果。

之后，英国和欧元区全部跟随美国实施货币宽松政策。

不同的是，欧元区货币宽松力度相对较弱，而他们所使用的武器是"欧债危机"。一开始人们并不把欧债危机太当回事，因为那属于欧元区内部的债务危机，完全可以通过自身的能力加以解决。但此后，国际金融巨头开始利用欧债危机大赚其钱，在金融炒作的各种危言之下，欧债危机开始发酵。

但我们看到的事实是：你把此事当真没错，不当真也没错。所谓"当真"，是因为市场确实因此而做出剧烈的反应，所反映出的主权债务问题也实实在在地存在；所谓"不当真"，是因为整个过程中，我们明明白白地看到一只强有力的手，时时刻刻都在掌控着局面，而使主权债务危机经常性地发作，而且在不断地传染，但又不至于到达失控的境地。

不过，所有"人造的调控工具"都有逐步失灵的时候，这叫"边际效应递减"。饥饿的时候，吃第一个馒头非常香甜，但吃到第三个馒头，香甜已经变成索然无味。欧债危机也一样，当发酵到意大利——欧元区第三大经济体，从而威胁到法国、德国的主权债务评级之时，这个危机再也发酵不下去了。现在，基本已经淡出人们的视线。

是什么力量使欧债危机戛然而止？欧洲央行宣布，无条件向银行体系注入流动性。随着一轮欧元的大幅升值，后来再以意大利竞选做文章，这才使欧元回头向下。不过，那是欧债危机最后一次露脸。

现在的问题又来了。由于德国反对欧元区宽松货币政策加码，加上日本开始大规模投放货币，欧元最近又出现了升值迹象。所以，欧元区是否还要继续紧缩性财政政策，是否还要执行"相对紧缩的货币政策"，再次成为欧元区热议的焦点。这就是欧盟委员会主席巴罗佐声明"近年来各国为了对抗欧洲金融危机而实施的紧缩措施已经达到了极限"的重要背景。

解释一下，为什么说欧元区货币政策是"相对紧缩的货币政策"？依据克鲁格曼"三元悖论"的原理，在充分开放的条件下，在以美元为核心的国际货币体系的作用下，独立货币政策与汇率之间的关系极度密切。如果美国大量发行货币而欧洲不跟随——坚持独立的货币政策，那结果必然是欧元无度升值；相反，如果欧洲跟随美元投放货币——放弃货币政策的独立，那欧元和美元之间可以保持相对平衡。

我们必须明白开放条件下和封闭条件下，对货币政策的考量截然不同。就像一种物理现象：密闭容器当中，由于气体不能流动，所以温度越高，气压越大；而开放环境中则截然相反，温度越高，气压越小，因为空气可以自由流动。为什么要说这个问题？因为中国已经非常开放，所以货币政策的考量必须依据开放的环境，而绝不是仅仅针对国内条件，这是经济发展的客观要求。但我们正在犯错误，就是在开放环境中延用封闭条件下的政策考量。尤其是我们的货币政策。

欧洲为什么担心货币升值？这不仅仅是贸易利益，而更是将为已经十分虚弱的欧洲经济雪上加霜。试想：经济虚弱，货币原本应当贬值，但不贬反升，后果是什么？越升值经济越坏，经济越坏资本外逃越多，资本外逃带走本国财富，国内经济就更坏。如此会恶性循环。最终人们看到的结果是欧洲财富被"劫持"。所以欧洲绝不会允许这样的情况发生，它们一定会抗争，而现在它们唯一可以抗争的工具就是货币投放。

所以，欧洲加大货币投放是必然的事情，用不着怀疑，因为美元投放不会停止。看到欧洲，我们需要想想我们自己，我们正在被"打劫"。

希腊是欧元区的僵局

(2012 年 5 月 24 日)

为了达到欧元贬值的目的，德国牺牲一个希腊在所不惜。所以从头到尾，希腊就像一张牌，被大国打来打去。

美国渲染希腊和欧债问题是为了击垮欧元，这对欧元区当然是坏事，但对德国不一定是坏事。因为，德国可以借此压制欧元汇率，实现出口增长，并保护德国经济实力不受影响。这会不会就是美国、德国"你一拳我一脚"不断拿欧债问题、希腊问题说事儿的关键原因？说不清，但从利益方面考量，美德这样的做法似乎合情合理。

看清这一点，我们也可以理解，为什么在欧债问题上，法国比较尴尬。它既不满意德国在欧债问题上的态度，尤其不满意德国在欧元区货币政策方向的谨慎态度，又对美国不停投放货币，没完没了地搅动欧元区大为不满。这一点，从法国而不是德国对评级机构的态度就可以看得出。

还记得美国刚刚准备出台 QE1 的时候，法国总统和英国首相一起在《纽约时报》撰文抨击美国，但其实我们见不到德国人的身影。为什么是英法而不是法德？其实，德国在此次欧元区债务危机中的表现十分耐人寻味，每次问题的解决方案，每次货币投放，都是它出面发表不同看法，最后使得方案出台磕磕绊绊，这是不是恰恰反映了德国的利益诉求与众不同？至少有一点我坚信不疑：德国不愿意美元因危机而大幅贬值时欧元大幅升值，因为那对德国经济将是致命的打击。

为了达到欧元贬值的目的，德国牺牲一个希腊在所不惜。所以从头到尾，希腊就像一张牌，被大国打来打去。但是，毕竟德美利益诉求并不一致。美国紧盯希腊不放，甚至希望债务危机蔓延，为的是美元地位得以恢复并获得巩固；而德国不过是希望美元贬值、欧元不要升值。所以，考验技巧的是德国，它既要为欧元贬值寻找理由，同时又不能让势态变得不可收拾。所以，关键性决定，它都要阻止一下，但最终还是通过。

现在，欧洲统一债券问题又一次被推上台面，而反对者当然还是德国。理由很简单，德国认为，欧元区许多国家过去的福利制度太好，远远超出了本国经济实力，所以，欧元区国家必须改革，必须重新回到劳动创造价值的传统理念上来。这当然是有道理的，但问题是在什么情况下讲这样的道理，如果欧元区不存在了，欧元垮了，逼其他国家改革还有什么意义？

总体来看，德国在走钢丝，稍有不慎，就会出现无可挽回的后果。表面上看，希腊退出欧元区对德国经济影响有限，尽管希腊4200亿美元的债务大多数都在德法两国金融机构的手里。但是，希腊退出对欧元可是灭顶之灾，因为它会引发连锁反应——爱尔兰、西班牙等可能会轮番退出，那欧元距离解体就不远了，这才是德国根本无法接受的后果，毕竟德国是欧洲统一货币最大的受益者。

所以，相对于真心希望欧元解体的美国，德国其实只想拿希腊和债务危机说事儿，无非试图达到三个主要目的：第一，压制欧元贬值，保护德国经济竞争力；第二，逼迫欧元区高福利国家紧缩财政，改革福利制度，通过发展经济，达到新的平衡；第三，巩固区内老大的地位。

希腊是不是真会退出欧元区？我认为它没有退路。因为，即便一切退出必要的安排都来得及去做，一旦退出欧元区，那问题就大了。首先，欧元区内乃至整个世界是否认同希腊新货币和新的希腊债务？如果不认，希腊将立即失去经济依靠，拉动经济增长的动力几乎为零。同时，希腊物价一定会无度飞涨，民不聊生，一夜之间退回到数十年前。这实在太残酷了。

希腊不退出欧元区就必须接受救援条件，就必须接受紧缩要求，这是不是希腊可以接受的权且不说，关键是希腊的谁来接受？到目前为之，希腊还看不到一个有效政府的曙光，那谁该代表希腊做出是或否的决定？不过，希腊恐怕也看到了德国的软肋，所以不停地说：我们正在准备退出。

这是一个僵局。德国明年也要大选了，结果又会如何？

俄罗斯的货币"新招数"——牛

(2015 年 4 月 21 日)

在国内给美元加息,这是非常漂亮的玩法,是超乎常规的做法。

4 月 20 日,俄罗斯央行提高外汇拍卖中美元的借贷利率,这是自今年 3 月 30 日以来第三次提升该利率。随之,卢布兑美元汇率大幅下跌近 3%。俄罗斯央行为什么这样做?分析认为,基于 10% 的卢布利率,2015 年开始,大量美元流入俄罗斯进行套利交易,而此举迫使卢布上涨幅度过大。今年以来,卢布涨幅达 15%,而市场情况显示,国际投资者对卢布资产的偏好正在回升。但是,卢布升值导致对美元及欧元国家的出口受到影响,影响了国家收入。

这样的做法很有意思。按理说,一个国家为了防止本币升值,完全可以下调本国利率,而导致本币贬值。尤其对俄罗斯而言,今年 1 月底,为对冲欧美制裁导致的外汇大量流出,俄罗斯央行一夜之间居然把基准利率上调 650 个基点,达到 17% 的高度,而事隔一周又突然下调 200 个基点,降至 15%。因此,俄罗斯完全有理由、有条件继续降低利率。但是,俄罗斯没有这样做。

为什么俄罗斯利率水平那么高?因为通胀率超过 6% 的水平,这当然与欧美制裁密切相关。俄罗斯许多轻工业日用品的进口依赖度较高。所以,欧美的制裁导致卢布贬值,而相应提高了俄罗斯进口日用品的成本,推高了国内的通胀水平。我不太赞同俄罗斯的做法,因为其通胀是"输入性"的,是外部制裁因素导致的结果,在这样的背景下大幅提高利率,结果必然是高利率压制国内经济,压制内需,而使俄罗斯经济增长发生困难。

但是,俄罗斯有其经济特质。其经济对石油、天然气出口的依赖度依然相当高。所以,俄罗斯的货币政策不得不同时考虑两个问题:其一,要抑制国内通胀;其二,有利于能源出口。前者需要卢布升值,而后者需要卢布贬值。这一是对严重的矛盾,如何找到平衡,这才是俄罗斯央行必须解决的问题。

所以,卢布对美元的汇率到底在什么水平上合适,这是大课题。俄央行必须相机行事,当制裁比较严重,卢布大幅、快速贬值的时候,俄罗斯央行大幅加息是为了防止货币危机;

但现在，制裁的边际效应递减之后，俄央行的心思将更多地置于能源出口和经济健康方向。

问题是，那俄央行应当减息呀？不行。因为，俄央行不得不同时考虑国内通胀严重。怎么办？在国内给美元加息。这是非常漂亮的玩法，是出乎常规的做法。这说明俄罗斯绝不墨守成规的性格特征，也说明俄罗斯不相信"三元悖论"，更说明货币政策原本可以有千变万化。

俄罗斯在国内给美元加息，肯定会导致一个结果：大量国际投机客从境外低利率介入美元，然后再把美元借给俄罗斯央行。这不同样是美元流入吗？两个方面的问题：第一，对国内而言，美元贵了，会降低国内投机者套利冲动；第二，俄罗斯央行掌握主动权——你想把境外便宜的美元借给我，我可要可不要。

我之所以赞赏俄央行的做法，关键在于"不拘一格"，只要对我利大于弊，那我什么作为都可能出现，只要是在我自己可控的范围内，只要是不违反国际准则。我认为，中国央行也该学学，不要总在本币政策上打转转，搞得自己矛盾重重，被动异常。我们希望再次重申：货币政策不该有太多"清规戒律"，"出神入化"才是货币政策的艺术真谛。

默克尔担忧日本的背后

（2013 年 1 月 25 日）

每个发达国家都希望自己的货币贬值，
别人的货币升值，使自己获得好处。

当中国外汇局还不能确定到底有多少"热钱"流入中国的时候，达沃斯论坛（2013 年 1 月 23 日—27 日）上欧洲对日本的极度宽松货币政策发起攻击。毋庸置疑，每一个国家都希望自己宽松，别人不要宽，从而使自己在国际经济、贸易竞争中获得优势。但是，如今的欧洲在对美、日货币极度宽松表达不满的时候，其实自己也不干净，毕竟欧洲也向市场投放了 1 万亿欧元的货币。这就是默克尔在攻击日本之时，态度上还算客气，而且把逐步收回 1 万亿欧元货币当作发言的前提。

其实，包括英国在内的很多欧洲国家都抱有这样一种心态，既要宽容自己，也要批评别人。我们看到，唯有瑞士央行表态还算强硬，他们甚至指出，如果日本这种通过压低自身货币币值来提升竞争力的做法传播开来，"全球经济将走向危险的境地。"但是，当瑞士法郎避免升值而实际盯住欧元之时，注定了瑞士也必须执行与欧元区相当的宽松政策。

这就是当今世界经济中的一个大矛盾。每个发达国家都希望自己的货币贬值，别人的货币升值，使自己获得好处；但又都明白，谁都这样做，就等于发动货币战争，而其中谁都得不到好处，没有赢家。谁能制止此事？没有。

国际硬通货滥发有两个直接的后果，其一是资源品价格暴涨的威胁，这将是制造业的灾难，也是全球物价的灾难；其二是资本品价格暴涨，"热钱"四处流窜。说实话，只有美国有能力控制资源品价格，其他国家除了给美国施加压力，基本无计可施。所以，各国可以干的事情就是"控制本国资本流动"。

就目前情况看，巴西、印尼、韩国、秘鲁、泰国等许多弱势货币国家都采用了资本管制措施，拒绝资本大规模流动可能带给自身经济的冲击。而在这个问题上，打从美国推出QE1的时候已经开始了。中国也这样做过，但做得很不聪明——政策"失度"，使得我们在拒绝 PM2.5 的时候，连新鲜空气一概排斥。

日本为什么如此大力度地放松货币？这里恐怕也有无奈。

首先，如果不跟随美国宽松，日元就会大幅升值。实际上金融危机发生以来，日元一直处于升值状态，从过去稳定在 110 日元兑换 1 美元的水平，升值到 80 日元兑换 1 美元。这对于一个以出口为经济核心的国家，显然压力巨大。今年以来日本的贸易状况可谓每况愈下，除了指望中国提供的顺差以外，其他方向的贸易压力巨大。

其次，日本除了大力度的政府投资和放宽货币，其本土制造业不断萎缩，这也是数十届日本政府面对日本经济几乎无计可施的关键原因。所以，它唯一的"指望"就是出口，无论如何要把汇率压下去。

也正因如此，日本需要傍住美国，一来担心美国不许它放宽货币，二来指望美国别对日本商品提高贸易壁垒。所以，日本乖乖地充当美国亚太战略的"马前卒"，否则日本汽车恐怕难免离开美国本土。其实，我们早就该看到，美国对日本的积极态度，与对中国截然相反。日本同样是对美出口的主要顺差国，但美国只要求人民币升值，对中国商品实施反倾销，但对日本却仁爱有加。

欧洲人非常明白美国的用意，知道自己阻止不了美、日投放货币，所以采用"哭"的方式"要奶喝"，这就是欧洲不断玩弄欧洲危机的目的，尽可能做到在少投放货币的前提下，压制欧元对美元的币值。它们是成功的，但现在日本异军突起，这样德国会首先感到压力。因为，日本和德国的产业同构性非常强，也是国际市场上的主要竞争对手。日本压低币值的做法，显然会使德国吃亏。

德国也可以压低币值吗？不行，至少没日本那么方便，毕竟欧元区不是德国一家说了算。那中国该怎么办？采用中性货币政策不错，但千万别紧缩。

日元极度宽松是"疫苗"

(2013 年 2 月 7 日)

日本之所以滥发日元，其核心要义在于
"不吃亏"。

如果说疫苗是为了防病而非治病，那日本极度的宽松货币政策应当被理解为"疫苗"，而不是"治病"的药物。或许，日本央行行长白川方明今年 2 月 6 日突然宣布提前卸任，正是对安倍政策的不解、不支持的必然结果。据日媒报道，白川方明将于 3 月 19 日告别日本央行行长的位置，而较原定任期结束时间的 4 月 8 日，提前了三周。

最先提示日本应当采用"极度宽松货币政策"的美国经济学奖获得者保罗·克鲁格曼，是许多年以来一直坚持认为"日本应当大肆发行货币直至通胀出现为止"的人。但是，日本一直没有这样做。原因是：一方面央行对此一直持保守态度，另一方面是美国不愿意看到日元大幅贬值。

现在为什么可以了？首先是国际政治环境发生了重大变化，美国重返亚洲的战略再次为日本提供了机会。日本试图重温"冷战"时期的旧梦，并借此推动自己的经济复苏，而此时大发货币，不会受到美国方面的压制。其次，美元滥发必然刺激日元升值，这是以出口为龙头的日本经济无以承负的压力，所以它必须跟随美国发行货币，至少可以稳定日元兑美元的汇率，而不至于在国际市场上吃亏。

其实，按我的理解，日本之所以滥发日元，其核心要义在于"不吃亏"。准确地讲就是不吃亏是前提，而"占便宜"则是"能占就占，不能占至少别吃亏"。

为什么这样讲？因为，日本经济的症结不在货币，而在于经济结构。日本有些不错的产业、技术和产品，但并非独家。这就是当年日本大力主张产业升级的必然结果。在日元被迫大幅升值的过程中，将中低端产业、产品的生产移向其他国家，而本土大搞升级产业，以为这样就可以获得更高的附加值。但是，高附加值商品更在乎独家独到，日本做不到，它的技术其实对美国的依赖度很高，因此，并未获得在高端商品领域的优势竞争地位，反而落入了更加狭小、更加竞争的市场。

所以，日本要恢复经济，是不是仅仅靠货币贬值带来的"便宜"就可以实现？显然不行。因为，它的竞争对手欧洲一样会迫使货币贬值。今年当地时间 2 月 5 日，法国总统奥朗德在出席法德两国举行的《爱丽舍条约》① 签署 50 周年庆祝活动时，告诉欧洲议会，欧洲央行应该采取干预措施，让欧元贬值。一席话，加剧了人们对货币战争的担忧。

尽管德国总理默克尔一直反对"滥发货币"，但历史地看，她还是希望欧元贬值。金融危机发生发展的过程中，德国一再玩弄欧债危机的把戏压低欧元币值，其间，自己保持了出口的增长，而大获其益。德国是日本商品最强大的竞争对手，它如何可以容忍日本兑欧元单方面贬值而坐视不管？

所以，从日本内部的经济结构和欧元区态度上看，日本极度宽松货币并不会使其经济获得足够的好处，这一点日本不是不知道，但就算这样也要极度宽松。那为什么？

日本必须把未来可能出现的全球性滞涨"扛"过去。不是吗？安倍政府在超大规模"放水"的同时，今年 2 月 5 日呼吁日本企业老板给员工涨工资。表面上看，是希望"刺激内需、遏制持续十多年的通货紧缩"。但实际可能是给未来做铺垫。这一点我们需要看清，日本要用国民收入增长，对抗未来可能出现的高物价。

如此大量货币投放的时代，如果我们不相信物价会因此而飞涨，那就等于否定货币学告诉我们的一切原理。所以，

---

① 《爱丽舍条约》是 1963 年 1 月 22 日时任联邦德国总理阿登纳和法国总统戴高乐签署的德法合作条约。

中国央行也在说，影响物价的不确定因素在增加。增加了什么？其实主要是世界上执行极度宽松货币政策的国家越来越多。当然，气候条件的急剧变化也是因素之一。

如此国际环境中，中国该如何选择、如何抉择？显然，紧缩是错误的。这是股市投资者必须高度关注的问题。

塞浦路斯只是欧元的工具

(2013 年 3 月 20 日)

美元和欧元之间的"双簧"依然主宰着全球经济走向，而这实际是全球货币争夺最大的主战场，它们之间既有相互的争夺，也必须相互默契。

塞浦路斯的经济规模只占欧元区的 0.5%，相比于意大利几乎就是微不足道；塞浦路斯所需救援的资金规模也不过百亿欧元之多，相对于希腊、意大利简直就不在一个数量级上。那如何会引发全球性的震动，尤其是引发欧元大幅贬值？其实，这和以往一样，不过就是个"欧元秀"。其目的就是压制欧元升值的步伐，这是货币控制的重要手段，也是控制国际资源价格的重要手段。而这样的做法在此次金融危机过程中，我们经常看到。

欧元区对塞浦路斯的态度依然是"保金融、压财政"，一手向塞浦路斯银行提供流动性，确保欧洲金融系统不至于受到影响；一手压制塞浦路斯财政紧缩，增加税收，甚至通过增加银行存款客户的税收作为需求援助的"抵押品"。真是奇思妙想。据说，在塞浦路斯存款的大户并非本土居民，而是俄罗斯大户。或许正因如此，"存款税"被国会否定后，塞浦路斯开始向俄罗斯寻求求援。

会有很坏的结局吗？我看无所谓。因为，强硬的欧元区并非没有软肋——它们担心塞浦路斯的金融体系崩盘，而导致整个欧元区的恐慌，从而威胁欧元的安全。所以，欧元区必须掌控局势，和所谓"欧猪五国"① 的情况一样，来回来去地"拉抽屉"，目的不是要搞垮谁，而是要欧元贬值，因为前一度欧元兑美元升值太多了。

美元和欧元之间的"双簧"依然主宰着全球经济走向，而这实际是全球货币争夺最大的主战场，它们之间既有相互的争夺，也必须相互默契。谁离开了对方，都将失去平衡的力量。试图坐享渔翁之利的是日本，不过它必须为此付出代价。这个代价就是制造与中国的摩擦，使之变成中美、中欧利益谈判最大的筹码。同时，变成满足欧美军火商实现在亚

---

① "欧猪五国"（PIIGS），也叫"笨猪五国""群猪五国"，是国际债券分析家、学者和国际经济界媒体对欧洲五个主权债券信用评级较低的经济体的贬称。包括葡萄牙（Portugal）、意大利（Italy）、爱尔兰（Ireland）、希腊（Greece）、西班牙（Spain）。

洲利益的"牵引力"。

为什么是塞浦路斯？因为"欧猪五国"的问题已经使用了太长的时间，随着"五国"经济已经到"底"，社会的脆弱程度已经无以复加，再压制下去，很可能引发"破罐破摔"的过激反应，而且利用刺激欧元贬值的效应已经让市场感到疲倦。比如，这一轮欧元贬值是从意大利选举开始，但这种问题的利用，虽有一些价值，也达到了一些效果，但与以往相比，刺激效果差多了。这样的边际效用递减，迫使欧元区必须寻求新的能量，所以塞浦路斯就成了下一个，尽管它很小，但容易引发"蔓延"的联想，所以作用会比继续利用"欧猪"要好。

当然，如果从国际政治角度去考量，选择塞浦路斯是不是因为它和俄罗斯的关系太近？不得而知。但如果塞浦路斯通过"存款税"，那俄罗斯和塞浦路斯的关系是不是受到破坏？同时，是不是会对俄罗斯商人的存款构成"打劫"？总之，欧元区用"存款税"作为塞浦路斯求援条件的奇思妙想，这其中一定有我们曾经不太明白的问题。

中国尽可以不去理睬欧元区作为的政治意图，但一定要关注其背后的经济结果。因为这是全球性的问题，因为在欧元与美元"武术表演"背后，有着深刻的经济目的。中国尤其要学会利用这样一种态势。我不希望看到的是：中国本土资本外逃，而开放却招来大量投机资本。这样的资本大换位，会对中国经济构成巨大威胁。因为，现在发达国家滥发货币的时代，一定是投机资本泛滥的时候。它们四处寻找投资机会，中国当然是一项重要的选择。

我们需要大胆利用外资，也不用过度担心一些优质的金融资本流入中国，但前提是：中国经济必须是健康的，实业是健康的，国民经济是本土资本主导的。

第二章

人民币准备好了吗？

无论怎样的改革，其核心目的都应当是发展中国经济，增强人民福祉，而绝不应当背道而驰。所以，在人民币汇率制度改革，乃至于人民币国际化的问题上，我们都该以此标准考量。

加息降准应对美联储——昏招儿

（2016 年 12 月 16 日）

在美元霸权尚存的前提下，中国绝无可能单凭市场化手段去对抗美国的巨大压力。

　　美联储有个"点阵图"，它在预测未来可能的利率走势，而正是这个"点阵图"引导全世界对美联储加息的预期。结果是什么？一年之间，美联储加息预期从四次变成两次，最后真正变成现实的只有一次——12 月 14 日，这也是今年唯一一次。同时又是这个"点阵图"向市场发出 2017 年美联储需要加息三次的预测，我们是不是可以相信？算了吧，就让"点阵图"自己去"点"吧，这东西看来没啥用。因为，"点阵"四次但结果只有一次，这之间差异太大。所以，明年美联储到底要加几次息，还是得看耶伦等一干货币政策委员会委员的投票结果。

除了耶伦，对美联储政策走向影响巨大的当属美国当选总统特朗普了。这个人在竞选过程中多次批评耶伦，为了奥巴马的政绩而维系低利率，甚至认为美联储的货币政策危害了储户的利益。他以前也认为美联储是独立的，但美联储并不是独立的，离独立还远得很。所以，许多人认为，特朗普反对低利率政策。真是这样吗？我不认同这样的看法。

看待特朗普的言论要全面，而且要了解这个人的个性。其实，2015 年 6 月之前，特朗普的言论并不像他后来表现的那样。5 月 18 日特朗普在接受路透社的采访时表示，自己不是美联储的敌人，没有人认为耶伦的工作做得不好。特朗普甚至说到，除非通胀率有所上升，否则他支持低利率政策。而且明确表示：提高利率对美国的经济将是一场灾难。

那为什么后来变了？尤其是 9 月之后他多次针对美联储现行政策提出"激烈的批评"？我认为，那是因为特朗普看到，耶伦无论如何都不会支持他当选总统，于是以"低利率政策伤害储户"的说辞，争取中产阶层的支持。另外，美联储迟迟不加息还从另一个方面让特朗普难受，那就是股市。美联储一再推迟加息致使股市无法实现充分的调整，这将压缩其上台后股市上涨的空间。"小心眼"的特朗普认为这是耶伦有意为民主党表达政绩，争取选票，所以他受不了。

2015 年 11 月，特朗普在新闻发布会上说，耶伦高度政治化，不会因为某个明确的原因提高利率，因为奥巴马告诉她不要这样做。奥巴马不希望在他任期出现大的泡沫破裂。所以特朗普认为，耶伦早该提高利率。这话什么意思？奥巴马任期内，股市在大规模 QE 的作用下已经呈现泡沫状态，而特朗普认为，奥巴马和耶伦沆瀣一气，不去捅破这个泡沫，而把难题留给后任。其实如果耶伦早加息，让股市出现一定幅度的调整，会给特朗普上台推高股市留下空间，同时也会使特朗普显得更加英明。

所以总体上看，特朗普并非认为利率过低，只是赌气耶伦不配合自己大选。我认为，未来特朗普希望的货币政策是实施其"资本通吃计划"，即利用"零利率到正常低利率"的加息过程，诱使美元升值，而吸引全球金融资本回流美国；同时，让"正常低利率 + 减税"政策，引诱全球实业资本回归美国。基于这样的认知，美联储加息速度不可能很快，从现在 0.5% 的水平到"正常低利率"——比如 1.5% 还有 4 次加息可以利用，而这四次加息估计要比画 2 ~ 3 年的时间。这个过程中，只要欧元、日元维系比美国宽松的货币政策，那美元指数上升到 110 ~ 120 是有可能的，而正常情况下，人民币应当贬值到 7.2 附近，并保持稳定。

最近中国的一些经济专家提出：应对美联储加息，中国应当采取"加息、降准"的货币政策组合。在他们看来，降准是为了应对基础货币下行，加息是为了应对资金外流。这真是头疼医头脚疼医脚。对此我坚决反对。我认为，中央银行必须坚持"中性略偏宽松"的稳健货币政策。但"中性略偏宽松"并不意味着 M2 增幅扩大，而是加大"有效的锁短放长"政策，让金融市场更多地生成资本，支持实体经济需求。在这层意义上讲，我坚决支持"降准"，因为这是最有效的"放长"。同时通过货币市场操作实施"锁短"。

"降准同时加息"——如此对冲性操作，我不知道哪个国家实施过，但我认为基本没有实操性。我认为，抑制中国资本外流是正确的，但面对美国极低的利率水平和 20% 的"减税暴政"，中国绝不可能通过加息予以对冲，那样中国利率水平至少需上升 5 个百分点，相当于 20 次加息。还不要说 5 个百分点，就是 2 个百分点的利率上升，中国经济就会崩溃，那可真是灾难性的后果。所以，抑制中国资本外流，包括抑制人民币贬值的根本方法不是加息，而是资本跨境流动的有效管理。更重要的是，政府和企业家压低工业成本的能力，坚决捍卫内需。再有就是，全体国民和企业家的拳拳报国之心才是中国经济赢得未来的关键。

在美元霸权尚存的前提下，中国绝无可能单凭市场化手段去对抗美国的巨大压力，这是我们必须承认的事实。那怎么办？发挥中国党和政府强大政治动员的能力，非此别无选择。

中国货币危机？

(2014 年 1 月 28 日)

> 加息会痛击国内经济健康，而经济基本
> 面的恶化，必然导致货币稳定的基础更
> 加虚弱。

　　南美的巴西雷亚尔、墨西哥比索、智利比索、哥伦比亚比索，亚洲的韩元、新加坡元、马来西亚林吉特、印尼盾、菲律宾比索，以及南非兰特、土耳其里拉、俄罗斯卢布等，随着美国 QE 的缩减，几乎所有新兴市场国家的货币都出现了非常明显的贬值，而且从技术形态上已经构筑了令人深信不疑的贬值趋势。

　　这是令所有国家的政府都头疼不已的事情，包括中国的人民币。为什么会头疼？因为，这对各国货币当局而言都是一个左右都是"死结"的命题。你不想让货币贬值吗？那你唯一的选择就是拉高利率;但是,加息会痛击国内经济健康,而经济基本面的恶化,必然导致货币稳定的基础更加虚弱。那是不是可以任由货币贬值?那将意味着大量资本逃逸,同样摧毁国内经济基本面,引发货币进一步贬值和更大规模的资本逃逸。

中国到底有多少学者看清了利率和汇率的关系?也许不是他们看不清楚,而是他们已经麻木了。过去 8 年,除了2009 年到 2010 年之间的一段时间,中国央行一直在通过紧缩货币的方式推高人民币币值,而人民币走势的基本特征就是:美元贬值的时候,人民币最多是不升值;而美元升值的时候,人民币大幅上涨。即便是 2009 年到 2010 年重启汇改期间,人民币也只是稳定,而从未有效地贬值过。

这样的走势当然会导致人民币高估。一些前往欧美的人员回国后,都认为中国物价更高,就是典型例证。这说明,按照购买力平价原理,人民币被高估。这是不是一个挺可怕的泡沫?我看是。但许多学者已经麻木了,他们的麻木表现在无视这一泡沫,对人民币升值还是贬值表现出一副无所谓的态度。为什么我要关心学者神经的敏感度?因为麻木恰恰是崩溃的前兆。

在国内,大量资本市场(以投资为主)的资金流向货币市场(纯投机市场)。这对经济而言是极其恶劣的前兆,但某些学者麻木,无视其对中国宏观经济可能产生的恶劣后果,而公众也仅仅停留在和商业银行较劲的角度上。

为什么此时此刻会发生资金大量从资本市场流向货币市场的情况？这说明，一些敏感的投资者已经闻到了味道。如果中国央行采取拉高利率的方式以防止人民币过快贬值，那么，中国实体经济、股市债市就都会出现大问题。中国经济增长会受到严厉抑制，经济结构转型也将停滞。有人总是把经济增长和结构转变对立起来，但在我看来，这样的观点是错误的。原因是：无论是转型还是升级，最终都要集合于老百姓的日常消费，如果经济增长被严厉压制，老百姓生活受到影响，转型升级如何完成？

我认为，中国央行绝不可以用利率的手段去维系人民币币值的稳定，可在允许人民币适度贬值的前提下，采取释放外汇储备的方式，防止人民币短时间内贬值过快。其实，对于新兴市场国家而言，外汇储备本来就该充当国内经济稳定器的作用，升值的时候吸收进来，贬值的时候释放出去，从而避免国内利率大起大落。但其他新兴经济体没那么幸运的是，其外汇储备的充足率不够。而中国不然，只是我们这些年，外汇储备几乎没有发挥正面作用，变成了"鸡肋"。为什么？是不是央行担心汇兑损失立即显现，原来高价买进的外汇，现在要低价卖掉？

我看，这样的汇兑损失不可避免，而相对于汇兑损失，加息对中国经济的伤害更大。所以，面对人民币可能出现的贬值趋势，请中国中央银行放弃部门政绩的考量，转而以中国经济健康为重。

人民币的考验

（2015 年 3 月 6 日）

汇率问题绝不是简单的经济问题，而是
各国经济利益争夺的工具。

欧元放水正式开始了。欧洲央行 3 月 5 日披露：根据该计划进行的债券购买活动将从 3 月 9 日开始，每个月的购买规模为 600 亿欧元；计划将至少持续实施至 2016 年 9 月份，总量为 1 万亿欧元。目前欧洲央行的存款利率为 - 0.2%，而且欧洲央行将以负收益率购买债券，只要收益率在购买时不低于该行的存款利率即可。这就是说，本轮欧洲央行购债利率应当在 - 0.2% 到 0 之间。但无论如何，欧洲量化宽松政策的力度，并不亚于当年的美国。而且以负利率收购债券，意味着欧洲央行吐出的货币数量不止 1 万亿欧元。

我们一致认为，欧美在演"双簧戏"，实际是通过这样的手段，控制美元指数的走势。去年 6 月 5 日，欧洲央行宣布了负利率政策，从此美元指数开始大幅攀升，从 80 附近一路攀升到现在的 95 附近。这是什么概念？2005 年，美国经济最火爆的时候，美元指数最高只攀升到 92 附近。从技术上看，目前美元指数已经不具进一步上升的可能性，但如果欧洲大规模量化宽松，无疑为美元指数的进一步攀升提供了极好的理由。而美元指数的走势情况也恰恰证明了这样的过程。目前，美元指数强势调整格局十分明显。

为什么欧元量化宽松会推高美元指数？因为，美元指数是美元兑一篮子货币的平均价格变动情况。但欧元区形成之后，过去独立货币——法郎、马克等欧元区国家货币合为一体。结果是，欧元在美元指数中的权重高达 70%。这样的情况本该改变，减低欧元权重，增加其他货币权重，以及列入新的币值，比如人民币，从而让美元指数更具参考意义。但是，美国没这样做。没这样做的结果是：美元指数几乎变成了欧元与美元汇率的另一种表达方式，并使之不仅听命于美联储的货币政策，而且同时需要听命于欧洲央行的货币政策。

这对欧元区利大于弊，因为它增加了自己对美国的话语权，而使美国的货币政策不得不更多地考虑与欧洲的协调，从而使双方变成更加紧密的"利益共同体"。因此，美国要通过"汇率战""劫持"哪个国家，就必须获得欧洲的配合，同时欧洲自然变成"利益分羹者"。正因如此，欧洲与美国演出这样的"双簧"，也就没什么不可理解了。

表面上看,欧美各有各的理由、各有各的说辞,"合理解释"一大堆。但在我看,问题并不那么简单。因为,历史告诉我们,汇率问题绝不是简单的经济问题,而是各国经济利益争夺的工具。所以,欧美在汇率问题上演出"双簧",一定有目标所指,那这个目标是谁? 要干什么? 我认为,此次动作的目标指向非常明确——俄罗斯和中国。

它们让美元指数升值的目的就是要让卢布、人民币发生大幅贬值,并由此引发大规模的本币抛售,从而摧毁中俄两国经济。毕竟,人民币高估已经十分严重,而中俄经济各有各的"严重"问题。所以,弱攻击可以洗劫两国财富,强攻击可以置之于死地。然后,它们用注水的货币大肆收购两国"浓缩"的资产,只要两国领导人看不透其背后的"阴谋",中俄两国经济危机、财富遭劫很可能就是此次金融危机的结局。我们说,俄罗斯问题不大,因为其开放程度有限,而且政府愿意"以阴谋论的观点"看问题,所以警惕性很高。但中国呢?

卢布因欧美制裁而大幅贬值,但俄罗斯人民非常平静,并未附和本币大幅贬值而大规模兑换美元或其他外币。因此,尽管卢布大幅贬值,油价暴跌,但整体经济显得平静而有序,充分体现了俄罗斯政府对国内局势的把控能力。中国要向它学习,整个过程中必须牢牢控制局面。

我们必须承认,就当下中国经济和美国经济对比、利率平价、购买力平价而言，均显示出人民币未来贬值压力胜过升值压力。尤其是中国货币政策走向"中性偏宽"之后，人民币贬值压力会增加。没办法，这就是开放条件下中国货币政策的"双刃性"。需要宽松吗？那你就必须容忍货币贬值的压力。

所以我们一直主张，人民币未来必须"有序贬值"，即有控制地贬值，而不是"左"到任由市场波动，任由其突然大贬。尤其是中国政府，必须做好预案，防止美元指数大幅走高后的所有可能伤害中国经济的事情发生，尤其要有控制民众情绪和发生"羊群效应"的可能。美国人很会顺势而为，这一点我们千万当心。

人民币：恶性循环在持续

（2013 年 10 月 30 日）

> 流入的外汇大都是希望到中国套取利
> 差、汇差的投机资本，而流出的资本却
> 是中国自己的实业资本。

今年 9 月货币当局外汇占款环比增加 2682 亿元人民币，这个事实告诉我们，人民币依然处在一个已经持续了 8 年的恶性循环当中：外汇流入导致人民币升值，而人民币升值反过来又促使外汇更多流入。更值得注意的是：在这个过程中，外汇不仅仅单项流入，同时也有流出。不过，这个"双向流动"对中国可是存在巨大伤害的。因为，流入的外汇大都是希望到中国套取利差、汇差的投机资本，而流出的资本却是中国自己的实业资本。这是不是一个要命的问题？

为什么会出现如此"劣质的双向流动"？国内利率高，

人民币升值快，实业生存环境不断恶化，但国外情况却是相反，你说谁对实业资本更具吸引力？当然，还有一个更大的问题，中国央行喜欢和商业银行玩"猫捉老鼠"的游戏，而较少关注货币政策对整体经济的影响。

比如，近期货币市场大涨，央行没有出面说明理由，而据《证券日报》的报道，市场人士对央行行为的理解是：市场要钱可以，但价格不会再像以前那样便宜了，而是要随行就市。真奇怪，这样的理解央行居然允许？我倒不理解了。第一，央行是商业机构？如果不是，凭什么"随行就市"？第二，央行要加息吗？如果不是，凭什么容忍资金价格高企？市场人士认为，这是为了惩戒那些资产配置不合理的金融机构，要为自己的错误行为付出代价。这就更奇怪了。央行有的是"差别化手段"，完全可以以此惩戒个别"淘气"的金融机构，为什么要让所有金融机构和中国整体经济的健康付出代价？

据说，前不久央行召集货币市场一级自营商开会，明确提示说：各商业银行要注意自己的"杠杆率"，否则资金一紧，容易出现较大的风险。由此我猜测，央行此次收紧货币、拉高利率可能会与"压低商业金融机构杠杆率"有关。9月货币政策执行报告显示，货币供应量 M1、M2 增速均呈现环比大幅回落，但我们却看到货币市场利率相对稳定，也就是说，商业银行没有因为央行收紧货币供应而发生流动性短缺的问题。为什么？唯一合理的解释就是商业银行的货币乘数

（货币杠杆率）在上升。

商业银行如此做法不是没有依据。因为，"盘活存量、用好增量"，这是李克强总理亲口表态的货币政策导向。在此背景下，商业银行通过增加货币乘数盘活存量，何错之有？为什么要受到央行的惩戒？央行一直主张的"信贷资产证券化"不同样是为了"盘活存量"，不同样会推高货币乘数？

这里当然存在平衡的问题，但不能总是"一手点火，一手灭火"吧。这样的做法，结果一定是在制造恶性循环。同样，外汇占款、人民币升值、国内实业虚弱三者之间也是恶性循环。在全球经济一体化无法改变的情况下，经常项目和资本项目的"双顺差"导致大量外汇流入，并迫使人民币升值；央行回笼货币，因为透明度极低，导致货币市场经常误解而利率攀高，结果是利差、汇差诱使"热钱"流入，更加大央行回笼货币的难度，然后又要更大力度地回笼货币。而在此过程中，引来了"热钱"，逼走了国内优质的实业资本。

问题出在哪儿？有人说：人民币不该升值了。对吗？不对。因为，现行人民币汇率形成机制已经决定了，如果外汇供大于求，那人民币就一定会升值。所以，只要人民币汇率形成机制不变，那就注定人民币没完没了升值的命运。特别值得注意的是：这样的汇率形成机制的确更多地依从了市场，但却忽视了中国的经济基本面。过去的事实告诉我们，无论中国经济多难，情况多恶劣，人民币升值都无法停住脚步。

这样的市场状况说明了什么问题?说明人民币汇率形成机制是错误的。更大的错误在于,我们中国居然把汇率形成机制——这个必须服务于中国经济的货币手段,变成了不可改变的教条,定位为市场经济改革的方向,好像谁反对现行人民币汇率形成机制谁就是反对市场经济。这一点,我们郑重地提请中国央行必须认真考量,因为它关乎国家的经济命运,关乎"中国梦"是否能够实现。

人民币贬值"底"在哪里

（2016 年 11 月 15 日）

市场就是这样的规律，波动过程中会出现过度现象，所以汇率升值过度必然会反过来贬值过度，而正常的市场运行，恰恰就是在"双向过度"当中起起落落。

2016 年 11 月 14 日夜里，在岸人民币兑美元早盘跌超 200 个基点，收盘破掉 6.80，更创下 7 年 5 个月来的新低——6.68 附近。值得注意的是：本轮人民币贬值过程中，主要依据是美元走强，而对于人民币汇率走软，中国央行似乎完全没有干预。很好，这样的做法第一可以提前释放美国加息，以及"特朗普不确定因素"对人民币构成的贬值压力；第二可以打破人民币"铁底论"对市场情绪的误导。

从目前的市况看，人民币贬值过程中肯定存在投机做空行为，但并未超出中国央行的容忍度，而平稳、有序、可控的贬值是市场自然的选择，而绝非中国政府的主观意愿。这一点，国际舆论无可挑剔。10月25日我们专门发表评论[①]，希望中央银行打破人民币"铁底论"。当时，境外一些金融大鳄为人民币设置了两道底线。其一说人民币兑美元汇率不能破掉6.8，而且认为中国央行会坚守6.8底线；其二说中国外汇储备不能跌破3万亿美元，跌破了将引发市场恐慌，中国央行将无力对抗人民币攻击。

我认为，这是个"两头堵"陷阱。因为市场变化过程中，基本可以认定，要么人民币兑美元汇率跌破6.8，要么外汇储备跌破3万亿美元，二者必居其一。就是说，在人民币贬值压力较大的前提下，如果央行真像他们所说"捍卫6.8"，那势必需要大量抛售外汇储备，而使外汇储备极易跌破3万亿美元；如果央行不硬挺6.8汇率，那6.8势必很快贬破。很明显，设置这样的"两头堵"陷阱，只要掉进其一，那人民币势必受到强烈的攻击。这样的做法，实际是恶意攻击者常用的手段，核心目的就是引发市场恐慌，让你掉进"全民兑换外汇"的汪洋大海。所以，我们必须重视这样的市场陷阱，而中国央行也必须打破"铁底论"陷阱。

现在看，打破"铁底论"的任务已经基本完成。未来哪

---

① 钮文新：《必须打破："铁底论"误导》。

儿是人民币兑美元的汇率之底？对不起，不知道，这是市场交易的结果，而不是谁的意愿，也不是人为干预的结果。市场就是这样的规律，波动过程中会出现过度现象，所以汇率升值过度必然会反过来贬值过度，而正常的市场运行，恰恰就是在"双向过度"当中起起落落。金融大鳄索罗斯依据自己多年面对市场的经验告诉我们一个重要的市场规律：反射性原理。

正是反射性原理的客观存在，当我们面对一切市场波动的时候，都不要去问那个"傻问题"——哪儿是"底"？因为，"顶"也好，"底"也罢，这样的问题都是基于"稳定"的考量。针对人民币汇率，这样的问题实际是在问：人民币兑美元汇率的均衡点在哪儿？谁知道？谁能找到汇率的均衡点？至少目前我们看不到。我认为，汇率的均衡最多存在一个"区间"概念，但区间的宽度必须经过很长时间才可能"隐现"，而且这与方方面面的影响因素密切相关。

比如欧元兑美元，过去很长时间，欧元放弃了独立货币政策，跟随美元一起 QE。整个过程中，我们看到欧元兑美元汇率始终稳定在一个大致平行的通道当中，日元对美元也一样。但是，人民币刚刚开始减少管理，提高自由浮动程度，刚刚从过度升值转入贬值过程，这势必需要较长一段时间的摸索，而市场监测不可能马上看到通道的"顶与底"。况且，这其中各种干扰因素不是在减弱，而是在加强，尤其是中美货币政策变化、贸易政策变化、经济基本面情况变化等，都将直接作用于两个汇率的升贬。

所以,中国人应该做的事情是更加注重中国经济基本面,这是判断汇率的核心要素,不只是老百姓,更重要的是中央银行,其货币政策必须更多关注国内经济基本面的需求,离开这个原则,任何为金融而金融,为稳定汇率而改变利率的政策都是严重失误。到头来,因为利率过高而引发国内经济基本面恶化,那一切稳定汇率的努力都将变成最为痛苦的成本,而且是无法挽回的成本。

中国现在适宜的政策应当叫"你打你的、我打我的",你用正规战,我就用游击战,绝不跟你使用同样的战法。而我们的战法万变不离其宗的指向是更多地依赖实体经济建设财富创造,去提高中国经济和人民生活的质量,并实现共同富裕,而不是依赖金融、依赖虚拟经济去分配财富,搞得贫富两极分化,社会矛盾不断加剧。

流动性陷阱必然出现

(2016 年 7 月 19 日)

央行应当归回以存款基准利率为准绳。
让货币市场利率向同期存款基准利率
靠拢。

　　盛松成谈道：中国企业已经出现流动性陷阱的现象，这
其实一点都不奇怪。这是多年来中国金融短期化、投机
化——拒绝形成资本，并在实体经济与金融市场你来我往过
程中恶性循环的必然结果。我认为，这才是深层的问题，而
简单认为流动性陷阱是企业找不到投资方向的结果或地方债
务转换所出现的暂时性现象，这仅仅是表层原因而已。我相
信盛松成心里明白是什么原因导致今天的企业流动性陷阱现
象，但由于身份原因，他不能说透。

　　想知道逻辑吗？其实我们说得有些不耐烦了，但因为这个

事态没有发生根本改变，所以我们还要说、还得说。我认为，造成今天这样的情况，首先是货币投机的大爆炸。货币市场基金仅仅用了两年半的时间，就把 6.3 万亿元 M0 当中的 4.57 万亿元变成了高息的同业存款。问题是，中央银行居然认同货币投机所形成的利率水平。它一方面压制商业银行一年期存款基准利率保持在 1.5% 左右的水平，不许过度上浮，另一方面把货币市场利率当成央行认同的基准利率。就目前而言，一年期 Shibor 稳定在 3%，高出银行一年期存款基准利率一倍。

不是吗？7 月 18 日，央行进行了 2270 亿元的 MLF（中期流动性便利）的操作，其中 3 个月期 530 亿元，利率 2.75%；6 个月期 1345 亿元，利率 2.85%；一年期 395 亿元，利率 3%。这个利率水平分别高出商业银行当下同期存款利率 1.35 个百分点、1.29 个百分点和 1.05 个百分点。值得注意的是：2015 年最后一次降息后，商业银行上述三个期限的基准利率只有 1.1%、1.3% 和 1.5%；而当下实际存款利率为 1.4%、1.56% 和 1.95%，分别高出基准利率 30、26 和 40 个基点，均高于一次降息 25 个基点的水平。说明，商业银行存款利率未降反升。

这不是商业银行非要这样做，而关键是货币市场利率过高，如果商业银行不提高实际存款利率，那它们的储蓄存款将被严重掏空。为什么商业银行需要中央银行以 MLF 的方式补充流动性？因为，商业银行稳定的定期存款来源已经枯竭，存贷款期限错配风险越来越高，必须依托极短期、极不稳定的资金来源维系贷款的稳定。这当然不可持续。所以，当中央逼迫银行放贷的时候，银行必须放出去，但他们却不希望企业真的使用这些贷款，同样企业也不敢轻易使用贷款，不仅因为没有投向，而且也担心自己发生投融资期限错配。这就是企业活期大幅增加的关键。

尤其是在基准利率"双轨制"、央行遵从货币市场利率而无视商业银行存款基准利率的情况下，商业银行一年期资金成本至少应当是3%。这不是加息吗？所以，中国的利率实际是"明降暗升"，在此前提下，中国经济下行压力不大才怪。于是，经济下行压力大，企业更不敢投资，金融也变得更加谨慎，如此恶性循环，这就是中国的现实。

我认为，既然商业银行信贷才是针对实体经济发挥作用的金融商品，既然中央银行尚未放弃存贷款基准利率管理，那作为"为实体经济服务"的金融市场，央行应当归回以存款基准利率为准绳，让货币市场利率向同期存款基准利率靠拢，而不是遵从货币市场利率，因为货币市场到实体经济的距离过远。我们总有人提出疑问：我们货币发了不少，利率降了不少，但为什么贷款利率居高不下？他们的结论是利率传导失灵。我不以为然。我认为，利率传导很正常，因为这个传导是依据货币市场利率水平在传导，而货币市场利率过高，传导给实体经济当然也会高。

所以，解决之道就是下压货币市场利率，使之向银行存款利率靠拢，而不是教条地去搞利率市场化。

当心 SDR 陷阱

(2015 年 12 月 1 日)

当我们加入了 SDR，一切行为都必须向
"老牌金融资本帝国"的行为准则看齐
之后，中国经济是不是必将迎来"去工
业化""去实业化"的旅程？

　　加入 SDR 算是一个梦吗？也许，对一些金融人士而言，
这毫无疑问。不错，昨天夜里我们看到这个梦已经成真。但
说句心里话，我并不敢把它当成美梦，因为它很有可能是一
场"噩梦"的开始。实际上，日本的前车之鉴告诉我们，日
元加入 SDR 之后，日本经济并未因此而获得任何好处，反而
掉进"失去的 20 年"陷阱。为什么？因为 SDR 并不只是伴
随着"荣耀"，而搞不好就是经济的"紧箍咒"。一系列所谓
"达标"的要求，将把中国经济引向何方？

我们必须看到,在人民币之前进入 SDR 的四个经济体:美国、欧洲、日本、英国,它们的经济结构早已远离了实体经济,而"机制性"地走向了金融经济、货币经济,自觉不自觉地变成了经济怪物、食利者阶层。难道这也是中国经济的未来吗?那我们传统经济优势是不是必将变成鸡肋?中国以实体经济为本的坚守是否还有意义?是否变成空中楼阁?

在我的理论研究和实际感受当中已经出现了一些"不祥"的认知:中国某些行业出现了向着"金融资本主义"飞奔的倾向。不是吗?过去那种依靠劳动、依靠创造致富的社会财富积累机制,是不是正在向着以钱赚钱、金融套利为主的财富再分配方式转变?过去那种耐心储蓄存款面向未来,同时为企业提供大量长期资本的金融方式,是不是正在被短而又短的金融投资加长期资本越发稀缺的金融方式所替代?而现在,当我们加入了 SDR,一切行为都必须向"老牌金融资本帝国"的行为准则看齐之后,中国经济是不是必将迎来"去工业化""去实业化"的旅程?这不是担心,而是现实。

今天,中国央行副行长易纲先生告诉我们:"不必担心人民币入篮后会贬值,人民币没有持续贬值的基础。中国将维持人民币汇率在合理均衡水平,逐步实现人民币自由浮动。"闻听此言,我心中暗想:我真不担心人民币贬值,而是担心它继续升值。实际上,11 月 30 日,人民币对美元在即期市场上就上演了戏剧性的一幕，临近 10：00，人民币突然大幅走升，10 分钟之内上涨 300 多个基点，尽管此后回调至 6.44 附近，但全天振幅高达 460 多个基点。离岸市场人民币升值也推动在岸市场汇价一度上升。

为什么人民币加入 SDR 会使市场出现人民币升值预期？道理很简单，市场有计算认为，加入 SDR 之后，一些货币基金和其他国家外汇储备估计会配置 1 万亿美元左右的人民币。那我的问题是：这 1 万亿美元的人民币从何而来？如果中国央行不能以货币投放的方式解决需求，那是不是会导致人民币货币紧缩？会不会因为外国人民币需求增加而导致 M2 增幅提高，但国内货币依然趋紧而利率大幅上行？

这是一个极其严重的问题。试想：在中国经济下行压力巨大的情况下，利率大幅走高的结果是什么？我们的实体经济是否会被彻底扼杀？我们"大众创业、万众创新"的愿望是否会落空？中国经济是否继续"去实业化"？实际上，我们看到的日本，在加入 SDR 之后恰恰就是这样的结果。也正因为"机制性去工业化、去实业化"的态势不可逆转，于是日本希望成为亚洲金融中心。但事与愿违，美国这个全球金融帝国的"卧榻之侧"根本"不容他人鼾睡"。日本实体经济的垮台，正是日本"失去 20 年"的关键所在。那我们中国今天是不是也要步日本之后尘？

如前所述，这不是担心，而是现实。我们有多少人可以看到，中国今天的经济困境，实际是在某些行业出现了金融资本主义倾向的条件下，社会已经形成"机制性去工业化"过程的必然结果？那我们有什么破解招数吗？所以，加入SDR 我并不兴奋，反而更加忧虑。

别被 SDR 套牢

(2016 年 8 月 10 日)

> 中国货币政策绝不能被 SDR 绑架，那
> 将是中国经济的灾难。

今天看到一则报道：IMF 建议中国的外汇储备应为 M2 的 20%，但从实际情况看，目前外汇储备在 M2 当中的占比只有 14%。这让我联想到二季度那个"奇怪的"货币政策执行报告，这份报告当中专门撰写了一篇专栏，并提出"频繁降准"会继续减低中国外汇储备的问题。是不是中国央行因此而不敢"降准"？不敢继续减少外汇储备？

但毫无疑问，不敢让外汇储备继续减少，势必绑架中国货币政策。因为，如果中国货币宽松，人民币贬值预期会导致资本逃逸，而一方面压缩中国外汇储备，另一方面加高 M2 余额。是否降低外汇储备在 M2 中的占比，要看人民币贬值

幅度多大，但我认为，人民币贬值幅度恐怕无法对冲外汇储备减少和 M2 增加的影响；如果中国货币紧缩，那将导致人民币升值，第一，国内经济状况不允许；第二，升值带来的经济下行压力，未必会使国际资本愿意进入中国而增加外汇储备。

所以，这恐怕是中国不得不执行"中性适度"的关键所在。我同时认为，央行对 IMF 之所以言听计从，这与人民币加入 SDR 有关。毕竟，现在中国还没有正式加入，还要等到 10 月份。但我不希望这件事持续太久，因为中国货币政策不应当被长期绑架。

应当看到，国际上，针对中国经济净是一些"莫名其妙"的数字。比如，金融危机之后，为了逼迫人民币升值，美国时任财长盖特纳迎合奥巴马的"再平衡"主张，提出"再平衡"的标准是各国贸易顺差、逆差应当低于 GDP 的 4%；比如，一个国家的政府债务规模不得超过该国 GDP 的 3%，还有各种各样的债务安全线；现在又来了一个外汇储备占 M2 比重，这是个啥数？更奇怪的是，中国央行有时会"拿着鸡毛当令箭"，不管对中国经济有多大坏处，而一味去满足这些糊涂的、全世界看不到第二个国家执行的所谓"国际标准"。

真要是让"中国外汇储备对 M2 占比达到20%"，那 M2 得萎缩多少？外汇储备得增加多少？或者人民币得贬值多少？

这怎么可能? 没错, 人家就是要给你出这样的难题, 就是让你达不到, 就是给你设门槛。很坏是吗? 无所谓好坏, 因为 IMF 从来都不代表发展中国家的利益, 从来都是富人的"打手"。

现在的问题挺严重。过去, 美国用人民币升值"绑架"中国货币政策, 现在 IMF 又用 SDR"绑架"中国货币政策, 这还有完吗? 当发达国家拼命放宽货币, 拼命争夺国际资本的时候, 偏偏拿中国"开涮", 而中国的一些金融人士就偏偏接招儿, 这样的情况何等残酷? 去看看中国的经济现状, 一方面是经济下行压力巨大, 总需求严重不足; 另一方面却是货币政策被绑住手脚, 只能缩不能放。这不是自虐吗? 当然是, 但这是美国希望的效果。

我的意见是: 中国货币政策绝不能被 SDR 绑架, 那将是中国经济的灾难。为什么在美国逼迫人民币升值的过程中, 没有人告诉我们"外汇储备在 M2 中占比"这个数值应当是多少? 为什么中国现在需要维系 3.2 万亿美元外汇储备? 哪个国家在执行这样的标准? 况且, 人民币是否加入 SDR 对中国经济有什么实际意义吗? 如果有, 请告诉老百姓是什么。而我看到的事实是, SDR 打从发明的第一天, 就是个废物, 否则也不会有以美元为核心的国际货币体系。用不着什么"理论推演"那些所谓的"理想状况", 没有, 那基本属于痴人说梦。

所以, 经济是很现实的问题, 再丰满的理想都必须经得起现实的考验。我们不能有任何短期的闪失，那将会酿成长期的痛苦。因为，金融捕猎者不给你机会，只要你一时受伤，哪怕很快就可以伤愈，但立即就会面临生死考验，这就是"丛林法则"。所以我劝中央银行，一切为了中国经济利益的手段，都必须兼顾"长中短"，而绝不能总因为长期利益而放弃短期利益，结果你会发现，把短期加起来其实就是长期。

（此文曾以文章名《中国货币政策别被 SDR 套牢》原载《中国经济周刊》2016 年第 32 期，作者有改动）

人民币国际化是圈套？

(2015 年 9 月 30 日)

> 人民币国际化是一个自然而然的过程，
> 只有中国经济强悍无比，外国人才会愿
> 意持有人民币而分享你的经济成长。

所有政策都有两面性，那你到底需要侧重哪一面？这是政策制定者必须考虑清楚的问题，否则总要兼顾、平衡，最终首尾难顾，甚至哪个方向都做不到位，使政策效果大打折扣。更严重的是，那些别有用心的人会"两头儿堵"，让你哪个方向的政策都废掉。

刚刚高调"唱多"中国的高盛又来了，这次他们发表的就是"两头儿堵"的言论。据媒体报道，高盛经济学家邓敏强在一份研究报告中表示，目前的风险倾向于近期不会实施重大货币宽松措施，政策支持可能更多依靠财政工具。当前经济环境下，进一步降息可能增加政府抑制资本外流的负担。此前中国央行有空间调整市场对在岸人民币汇率预期，使其在维持汇率稳定的同时在货币政策上有很大的裁量空间；但是，8月11日人民币汇改措施引发了对人民币汇率前景的疑虑。考虑到地方政府层面的融资和动力瓶颈，政府有空间加大财政刺激措施，直接推动基础设施投资。高盛依然预计年底前中国将降息一次，预计7天回购利率将从上周五（9月25日）的2.35%降至2%。

不是吗？一方面说中国不实施宽松货币政策是风险，另一方面说实施宽松货币政策也是风险。还说，中国经济无法指望货币政策，而更多地依赖财政政策。这是明显引导中国让财政政策和货币政策不协调。请问：货币政策和财政政策不协调，经济政策会有效？好奇怪呀！为什么他们在说中国经济政策，尤其在给出政策建议或政策猜测之时总是如此的别扭。

但我们应当看到，中国货币政策制定者确实存在问题：希望同时实现的目标太多。仅以货币政策为例，既希望货币宽松一点刺激国内需求，同时又希望人民币别贬值（至少要稳定）而推动人民币国际化。这是一个错误，是鱼和熊掌不可兼得的两件事。我认为，在这个问题上没有两全其美的可能。如果非要兼得二者，搞平衡政策，那只能是两者尽失。

不是任何矛盾的事物都可以找到平衡点的。如果我们把经济增长速度、物价或就业这样的企图与货币政策在松紧程度上找一点平衡没问题，一定找得到，但试图把利率与汇率密切关系分开，那不仅严重违背经济规律，而且一定留下重大败笔。

所以我一直强调，当外需不振，而且全球经济很有可能陷入新一轮萧条时，中国当下的一切经济政策都必须更多地倾斜到国内，必须以确保国内经济健康为主基调。这样的事例很多，比如巴西、阿根廷等拉美国家，同样面临所谓资本外逃、本币贬值的巨大压力，但这次它们不同以往，拒绝通过加息去阻止资本外逃，拒绝通过紧缩货币去拉高汇率。相反，它们降息，实施宽松货币政策。

为什么？因为它们过去通过"提高利率阻止货币贬值"的努力惨败，到头来，紧缩货币给国内经济带来的萎缩，只会加剧货币贬值压力。相反，如果忽视本币贬值，而实施宽松货币政策，那它们的经济内需将获得巨大生机，而内部经济活跃，增长可期，反而会从根本上扭转外资出逃的冲动，抑制货币贬值压力。

实际上，中国现在面临同样的选择。在此背景下，我认为，人民币国际化很可能是个重大的圈套。当市场需要人民币贬值的时候，人民币国际化诉求将阻止其贬值，阻止中国政府放松货币，而破坏经济内需，并使从经济基本面——这一决定汇率水平的核心要素方向加大人民币贬值压力。更重要的是,这几乎就是一个"死循环",该贬值不贬值,意味着维系货币高估,对发展中国家而言,有多少金融危机都是因此而起。

我依然认为,人民币国际化是一个自然而然的过程,只有中国经济强悍无比,外国人才会愿意持有人民币而分享你的经济成长。如果中国经济因为货币长期高估而倍显脆弱,那人家凭什么愿意持有人民币?这就是经济的辩证法。所以,万不可怯生生地搞平衡、熬日子,全世界没有哪个国家会在利率和汇率问题上搞平衡。就像美国,它要大规模 QE 就必须允许美元贬值预期的强大,当然它会通过欧债危机、允许日本更大规模 QE 而使美元获得"别无选择的信心"。

所以我认为,中国别无选择,当下最重要的是打出"迷踪拳",释放捆绑货币政策的绳索——汇率,让货币政策和财政政策有效配合,推动中国内需经济健康发展。还有一个重要的问题:请不要强调市场供求关系决定汇率,这会让外国人笑话。因为,决定汇率的要素很多,而最核心的是经济基本面,这是经济学理论早就揭示得清清楚楚的问题,为什么我们比美国还"市场原教旨主义"?

人民币国际化要悠着点儿

(2015 年 3 月 23 日)

本币贬值不利于本币的硬通货效应，但另一方面，本币升值过度，影响出口，对经济还是负面影响。

人民币币值似乎存在"两难选择"。一方面，国内经济下行压力很大，需要货币宽松，而货币宽松必然导致人民币贬值；另一方面，人民币国际化需要人民币升值以强化国际社会对持有人民币的信心，至少需要人民币不能出现大幅贬值而相对稳定。不是吗？3 月 22 日，商务部国际贸易经济合作研究院国际市场研究部副主任白明在接受媒体记者采访时就表示，一方面，本币贬值不利于本币的硬通货效应，但另一方面，本币升值过度，影响出口，对经济还是负面影响。

实际上，许多专家学者在反对人民币贬值时都会用"影响人民币国际化"作为理由。现在看，这样的认知十分普遍，而且十分强大。但我一直反对这样的看法。我认为，人民币升值或贬值，必须更多地依据国内经济条件，绝不能让"人民币国际化"绑架货币政策——只能紧缩：推高人民币币值，强化持有者信心；不能宽松：压低人民币币值，弱化持有者信心。如果用人民币国际化绑架货币政策，那对中国经济百害而无一利。

我们始终认为，无论怎样的改革，其核心目的都应当是发展中国经济，增强人民福祉，而绝不应当背道而驰。所以，在人民币汇率制度改革，乃至于人民币国际化的问题上，我们都该以此标准考量。否则就该检讨，就该缓行，就该研究新的措施与方案。

的确，中国需要人民币匹配中国的国际地位，但"刻意而为"或许会适得其反。毕竟，这个世界目前依然是"以美元为核心的国际货币体系"，现在它又获得了欧元区（美国传统盟友）的支持，不断上演"双簧戏"以压制共同的"货币对手"，这个事情中国不能不认真面对。所以，强推人民币国际化，势必使人民币变成众矢之的。

实际上，最近人民币贬值的理由就是很好的佐证。外资为什么会撤离中国？我们看到的事实是，国际上"唱空中国"的声音，以及"阴阳怪气"的捧杀之声背后都有韵味。同时，"热钱"流入流出更是大开大合，大起大落。所以，人民币贬值过程中，人们更多的是关注中国经济，而绝不只是外资流动情况。这就是矛盾：如果为了人民币国际化而推高人民币币值，那势必进一步打压中国经济；而中国经济一旦疲弱加剧，那人民币贬值压力势必加大。

所以我认为，人民币币值高低必须更多地依据国内经济状况。因为，只有国家经济强健才是货币升值最关键、最核心的要件。历史事实也证明着这样的判断。美元取代英镑成为国际货币用了足足30年的时间。第一次世界大战之后，美国的经济实力和规模早已远远超过英国，英镑的国际货币主导地位依然余威尚存，直至1944年，又经历了第二次世界大战、"布雷顿森林体系"建立，美元才算真正取得主导地位。

当然，当今的人民币绝不是要取得"主导地位"，而仅仅是加入国际结算竞争。但我们必须意识到，结算的有效性必须依赖"计价地位"的确立。但当今世界，不用说人民币，就连欧元、英镑、日元等老牌儿"硬通货"也无法获得这样的地位。所以，人民币结算也好，其他非美货币结算也罢，实际上，所有贸易商在结算之时，都必须考虑折算美元之后的利润情况。这就是说，无论以什么货币进行贸易结算，美元都在充当"中间换算货币"的角色，以表明国际贸易美元计价的重要性。

这是现实，绝非中国一己之力可以扭转的现实。所以，人民币国际化必须顺其自然，量力而为，而绝不该是我们刻意追逐的目标。既然如此，我们绝无理由以"人民币国际化"为借口，而钝化中国货币政策，让国内经济付出过大的代价。

今天，媒体对3月22日，周小川在"中国发展高层论坛2015"（2015年3月21日—23日）上的发言相当关注。我认真读了一下，周小川否定的仅仅是"过度宽松"，而绝不是"适度宽松"。比如周小川表示，货币政策工具的使用要看它在数量上的影响，"可能用了多种工具，但是加在一起，总体来讲它的量并不是很大"。"我认为我们仍旧选择稳健的货币政策。"注意，尽管他"仍旧"是稳健货币政策的提法，但那是"中性偏宽"之下的稳健，而绝不是"紧缩或简单中性"的韵味。

再比如，周小川强调：新常态下的稳健货币政策，一方面要支持经济增长，考虑经济增长的新的特点；同时，也要促进结构改革。"如果过度宽松的话，对于结构改革也许是不利的。"这席话，两层意思。其一，经济下行压力大，需要货币宽松一点；其二，考虑到保持经济结构调整压力，货币又不宜太宽。这不是"中性偏宽"的表述吗？正因为需要兼顾两者，目前的货币政策当然"未失稳健"。

我赞成这样的政策，它同时可以达到引导人民币有序贬值的目的。

谁给人民币定价

（2015 年 12 月 30 日）

无论是离岸还是在岸，人民币定价的主
导权必须牢牢控制在中国人手里。

年末，人民币兑美元的价格变化再次引人关注。而最大
看点在于：人民币在岸和离岸价差再次逐步扩大。12 月 29
日，在岸人民币兑美元汇率报 6.4991，贬值 159 点，跌幅
0.245%，昨天交易日收盘价为 6.4832；离岸人民币兑美元报
6.5952，贬值 200 点，贬值幅度 0.31%，盘中触及 6.5970 创
2011 年 1 月以来盘中新低。

实际上，这样的情况两个月前曾经发生过，而市场传闻
说：在中国央行的干预之下，离岸人民币价格开始向在岸价
格靠拢。这仅是简单的市场问题吗？当然不是，我的理解是：
维护人民币汇率的稳定绝不是简单的市场供求决定的问题，
而更是一个主权定价与国际经贸关系协调、平衡的问题。所
以，让市场决定人民币汇价的说法显然有误，并不符合世界

各国的通行做法，而我们看到更多的是各国政府都在竭力维护本国汇率优势。所以，毫无疑问，中国政府、央行必须有效管理人民币汇率波动，这不是能够以任何借口去推卸的责任。所以，无论是离岸还是在岸，人民币定价的主导权必须牢牢控制在中国人手里。

让市场决定人民币汇率的结果，势必出现两大势力控制人民币定价。其一是国际投机势力，其二是汇率对手国的经济意愿。国际投机势力真能控制一个国家的货币汇率？当然，毫无疑问。在过去的 8 年间，国际金融巨头不是控制甚至操纵了全球外汇市场，甚至操纵了 libor（伦敦同业拆借利率）？当年索罗斯不是击败了英镑？而 1997 年又击败了除人民币、港元之外的所有亚洲货币？当年没有冲击到人民币，那是因为中国资本开放程度很低，人民币不能自由流出，而外币也不能随意进入。但现在呢？我们已经失去了"制度的屏障"，而投机势力绝不会放弃任何以攻击为手段的赚钱的机会。

当然还有汇率对手国的经济意愿。既然人民币汇率摆脱不了兑美元的关键性，那美国的国际经济诉求必将附着在人民币兑美元的汇率之上。我们一直强调，美国的所有经济政策都是针对全球性的，并通过支配全球资本的流动方向和速度去赢得美国利益最大化。而且，美国十分懂得比较优势所在。强化自身是获得比较优势的手段，而弱化对手同样是获得比较优势的手段。金融危机之后，美国几乎是双管齐下，一方面通过"再工业化"强化自身经济实力，另一方面则是通过军事、政治、汇率、资本等一切可能的手段，压制世界其他国家的经济增长。这其中最核心的对手当然是中国。

由此可见，美国依据所谓的"市场原则"威胁人民币汇率的要素是完备的。因为，它有支配国际资本（热钱）流动方向和速度的能力，同时又有削弱中国经济实力的重要愿望，更有现实套利的冲动。当年，它们以高价把美元卖给中国，现在低价把它买回去，差价就是套利收益，这不是美元霸权的利益所在吗？有鉴于此，中国必须高度警惕，而对付强大的对手，不能客气，不能手软，更不能太讲规矩。

路透社今天引用消息人士提供的信息称，中国央行暂停个别外资行跨境及其参加行的境内外汇业务，而被暂停的外汇业务包括现货远期交易等，暂停时间将至 2016 年 3 月底。分析认为，该措施是央行稳定人民币汇率努力的一部分。我很看重这条信息，这说明，中国敢于以比较强硬的手段，面对人民币汇率控制。实际上，外资银行的资金跨境流动是非常方便的，而他们一定会依据美国政策的变动，在全球配置自己的资金资源，这一点无可厚非。但即便是单纯的市场行动，也很有可能危害到中国的利益，而中国也不可以听之任之。

中国金融开放这几年走得很快，但恰恰赶上中国经济相对脆弱的阶段，如果此时此刻我们不能防微杜渐，那威胁将远远超过新中国历史上任何一个时期。警惕！

（此文曾以文章名《人民币定价主导权须控制在中国人手里》原载经济网，［2015-12-30］http：//space. ceweekly. cn/niuwenxin）

美国在操纵人民币

(2012 年 11 月 27 日)

中国必须重新制定自己的汇率战略，才
有可能彻底摆脱国内经济因货币紧缩、
货币升值而形成的恶性循环。

　　11 月 27 日，为美国总统大选而推迟公布的《国际经济
和汇率政策报告》终于露面了。报告认为，包括中国在内的
美国主要贸易伙伴未操纵货币汇率以获取不公平贸易优势。
这份每半年公布一次的报告指出：自中国 2010 年 6 月重启人
民币汇率形成机制改革以来，人民币对美元汇率持续升值，
中国经常项目顺差占国内生产总值比例下降。此外，中国还
采取了一系列措施增强汇率机制的灵活性，并承诺迈向更加
以市场为导向的汇率制度。基于这些因素，美国财政部认为
中国不符合汇率操纵国的定义。

按照美国财政部的计算，2010 年 6 月至 2012 年 11 月初，按名义汇率计算，人民币对美元已升值 9.3%，如果计入通胀因素，同期人民币对美元的升值幅度约为 12.6%。人民币实际有效汇率的持续上升和中国经济结构调整的努力在降低经常项目顺差方面开始发挥作用，中国的经常项目顺差占国内生产总值的比重从 2007 年的 10.1% 降至 2012 年的 2.6%。

美国财政部认为，人民币仍有必要对美元和其他主要货币进一步升值，而且表示将继续密切关注人民币升值步伐。

看到这份报告我感到啼笑皆非，美国单方面评价中国是不是在操纵汇率，是不是该把中国列入汇率操纵国，但这样的做法本身是不是在操纵汇率? 我看是。所以，它不把中国列入汇率操纵国的做法，我们只能理解为：美国对于它操纵人民币汇率的结果十分满意。

"各经济体经常项目盈余或赤字应限制在占国内生产总值（GDP）的 4%，以缓和美国与其他经济体之间的汇率争端，平衡国际贸易。"这是美国现任财长盖特纳 2010 年在韩国庆州举行的 G20 财政部长和央行行长会议上提出的。当时，与会各国反应十分冷淡，而且基本没有获得任何反应。

不过，中国好像并不那么"冷淡"。会议之后，中国开始以实际行动回应美国，把这个"4% 之内"当成政策目标，通过各种手段压低中国的经常项目顺差，包括人民币汇改再次启动，用紧缩货币的手段迫使人民币升值，鼓励经常项目换汇，鼓励境外旅游、出国留学，等等。

两年过去了。现在，中国经常项目盈余在 GDP 中的占比已经从 2007 年的 10.1% 回落到当下的 2.6% 的程度，这是何等巨大而迅速的落幅？美国人该满意了吗？没有。面对如此重大的牺牲，美国人的态度依然是：人民币仍有必要对美元和其他主要货币进一步升值，而且表示将继续密切关注人民币升值步伐。

显然，美国人的用意绝不是国际贸易平衡，因为他们自己根本做不到让美国的贸易赤字低于 GDP 的 4%。这一点美国人明白得很，不改变美元在国际货币体系中的地位，不改变美国自身的经济结构，根本就不可能有什么全球贸易平衡，而美国绝不可能允许国际货币体系发生任何改变。

日本的历史事实已经证明，日元的不断升值只是毁掉了日本经济，只是让日本对美国的出口变成了整个东南亚对美国的出口，只是为美国除掉了一个已经敢说"不"的强大经济体，而美国的贸易赤字不仅没有一分钱的减少，反而大幅增加。

今天的情况一样。人民币的升值只是严重恶化了中国经济，而美国的贸易赤字除去消费泡沫的成分之后，一分钱都没有减少。2010 年，美国贸易赤字扩大 32.8%，至 4878.2 亿美元；其中，对华贸易创下 2955 亿美元的历史最高纪录。2011 年，美国贸易赤字继续扩大 11.6%，至 5580.2 亿美元；

其中,对华贸易赤字收窄至 2950 亿美元,仅收窄 5 亿美元。注意:这个过程中,人民币一直在升值。

事实证明,单纯人民币的升值不会改变全世界的贸易格局,这是现行国际货币体系所决定的。美国人心知肚明,但还要逼迫人民币升值,这不能不被人怀疑其别有用心。问题是,中国政府必须有招儿应对,而非总是被动接受,亦步亦趋。而在这方面,我们的研究太少,而学者又太"本本化、美国化"。

汇率问题牵涉一个国家的核心利益。这一点,世界各国都有明确认知,所以它们才会集体干预汇率,防止本币因美元的贬值而升值。中国必须重新制定自己的汇率战略,才有可能彻底摆脱国内经济因货币紧缩、货币升值而形成的恶性循环。

反对人民币超前自由兑换

（2013 年 9 月 25 日）

> "热钱"不是击垮一个国家金融体系的关键因素，而只是个"导火索"。

可以肯定地说，人民币资本项目自由兑换这件事不存在"试点"的问题，只要中国土地上一个点放开，就等于全国放开。因为，资本的流动不可能通过地区管制而形成壁垒。不用说本土，中国对国际资本的流动应当说管制相当严格，但这样的管制是否阻止了国外金融资本流向中国？是否形成了有效的"金融海关"？历史的事实已经多次且长期地证明——不行。为什么要讲述这件事？因为前不久，上海自贸区在建立过程中有传闻说，在自贸区将允许人民币资本项下自由兑换。我不仅认为这样的想法和做法不合时宜，而且认为那将把中国的金融体系引向灾难。还好，毕竟中央头脑清醒,及时制止了这项尝试。

中国有句古训叫作"水可载舟,亦可覆舟。"自由贸易区说到底属于服务范畴,搞得好可以促进中国实体经济的发展,搞不好将摧毁中国的实体经济,关键是会摧毁中国企业家的实业精神。所以,不要总以高额的服务利润去引导实业资本,这是对一个国家经济基础的破坏。

有人会说,竞争会使服务价格降低。我看不是。实际上,先进的服务业门槛已经非常高,不是那些实力较弱的资本可以涉足的,就算涉足也不会有什么"好果子"吃。所以,竞争可以降低价格这样的"市场原教旨主义"认知是错误的。不是吗?国际市场的金融竞争是不是非常激烈?那金融服务的价格是在上升还是在下降?我们绝不可以用自由市场时代的理论去指导寡头垄断时代的实践,那非倒霉不可。

中国需要改革开放,需要拆除阻碍改革开放的藩篱,但是不是可以无条件地拆除?显然不行。日本以及东南亚各国,过去被人家逼着打开"篱笆",结果是金融危机,是经济萧条。我们必须充分意识到国际金融市场的险恶,必须充分意识到国际金融争夺的残酷性。所以,中国实现彻底金融开放的前提一定是:依据中国金融市场的新特点,依据发展中国家金融危机的历史经验,建立一整套至少从理论上符合逻辑的"新规则",同时还要对可能发生的各种风险提出应对预案。

但我们看到的事实是：近年来中国"拆篱笆"的速度远远大过建新规的速度，试图拱开"旧篱笆"的人远远多过详尽研究如何控制风险的人。这就是大问题，是关乎民族命运、关乎"中国梦"的大问题。我认为，改革也好、开放也罢，我们都必须问自己一系列关键的问题：这样的改革开放对中国经济好处是什么？利大还是弊大？什么样的前提下利大，什么样的前提下弊大？我们要创造哪些条件（综合）才可以把中国推向怎样更加开放的程度？

回答不了或者不回答这样的关键问题，那我们中国的改革开放就会充满盲目性，并落入"为改革而改革、为开放而开放"的陷阱，势必导致经济的失序甚至混乱，最可怕的后果是"无备有患"，而且不知如何治患。我们为什么总是强调"热钱"很讨厌？因为我们看到太多案例，但所有案例都告诉我们，"热钱"不是击垮一个国家金融体系的关键因素，而只是个"导火索"。这根"导火索"如果无法引爆全国人民这个"炸药包"，那它的能量就十分有限。

比如，东南亚发生过的货币攻击，"热钱"借助舆论的"唱空"做空某国货币，这只是"导火索"，如果没有被攻击国国民全部参与到货币兑换过程中，那国家政府完全有能力控制局面，但当全民参与之后，政府则无力应对。为什么会发生全民参与本币兑换外币的过程？因为资本项目已经完全自由兑换。实际上，哪怕是上海一个地方实现人民币资本项目可自由兑换，一旦发生危机，那全国有钱人大不了跑到上海去兑换外币，这样的成本远比汇往国外低得多，而且十分简单而便利。

不错，许多发展中国家因为按照人家指的路走，构建了一个毫不设防的"自由市场"，结果是什么？稍有闪失，就会被狠狠地"咬"上一口，最终被按着头签订"城下之盟"，把自己廉价地卖了还要帮人家数钱，我绝不希望中国经历同样的苦痛。

（此文曾以文章名《上海自贸区"人民币资本项下自由兑换"必须谨慎》原载《中国经济周刊》2013 年第 38 期，作者有改动）

离岸人民币被轻点刹车

(2016 年 7 月 14 日)

> 如何通过"说"去引导市场预期，这是大学问，美联储对此驾轻就熟，央行需要赶快补课。

香港离岸人民币兑美元汇率昨天早段时间，从 6.7 低位度急升逾 200 点至 6.6789，随后升幅缩小。为什么？行内人士其实都会看到，香港离岸人民币隔夜拆息大幅攀升，曾一度创出今年 2 月以来高位，根据财资市场公会显示，人民币隔夜拆息高达 4.831%，比前一天急升 2.373%，而在交易时段，更是一度被拉高到 7.5% 的水平。市场揣测，中国央行可能再次出手干预，以控制人民币贬值速度与幅度。离岸人民币隔夜拆息拉高，反映香港人民币短期流动性偏紧。

国内股票投资者别急。在我看，这次动作属于"轻点刹车"，并未出现"多空大比拼"的场景，而且这次"轻点刹车"效果明显，因为人民币兑美元汇率立即做出反应，让央行意图获得满足；还有一点更重要：国内货币市场利率不涨反跌。这说明，央行境外收紧人民币的动作并未影响国内市场，而国内市场正在按照正确方向推进。因此，不要惊慌，更无须失措。现在，央行比过去聪明多了，而且从近期情况看，其操作技术也更加纯熟，更加收放自如，效果也十分明显。

央行这次把握的时机很好，据香港金融人士评估，未来数日之内将有数十亿元的人民币期权到期，参与者需要短期流动性用于周转。所以此时此刻"轻点刹车"，市场效果绝佳。他们预计，紧张情况还会持续数日。

过去几日，香港市场上人民币兑美元汇率已经来到 6.69 附近。这个位置距离"彭博社造谣的 6.8 价位"还剩下 120 个基点左右，这对央行而言是个"挺麻烦的考验"，因为左右为难。不管，人民币兑美元汇率击穿 6.8 十分轻易，这将让彭博社所言成真，而强化它对人民币的话语权；管，那势必需要付出一定的代价，而且就算管了，人民币兑美元同样有可能击穿 6.8 价位。

所以，境外大财经媒体往往很厉害，而其核心用意即是"争夺人民币话语权"，经常不惜以造谣的方式说出"大概率市况"，"两头儿堵"压制管理者的权威性。一头儿，逼迫管理当局辟谣,你辟谣,不仅会让你为维系汇率付出代价,而且市场大概率依然可能使之谣言变成实现,这不仅可以借助管理者辟谣的"大喇叭"扩大影响力,而且大概率一旦发生,还将更大程度地扩大其影响力;另一头儿,你不辟谣,那我就很容易"说准",从而强化其影响力。这不是"两头儿堵"吗?没错,他们牛就牛在这里。

但是,我们国人必须清醒:未来,人民币升值也好、贬值也罢,它有它的市场规律和特性,请不要依据外媒的说法决策。而在这样的问题上,中国央行也该学得聪明一点。辟谣不是一辟了之,而必须揭示其造谣的意图,让这些媒体在世人面前失去能量,并借此夺回话语权,树立"人民币不存在长期贬值基础"的权威性。但是,我们现在的管理者在舆论管理方面显得非常粗放,这一点必须加以改变。

现在市场开始猜测,认为短端流动性偏紧,感觉像是央行很认真地捍卫 6.7 这个水平。这不是在绑架央行货币政策之手吗?不是有意营造央行干预人民币汇率的氛围吗?所以,央行控制金融市场很多的问题集中于"预期管理",这是一个心理学的过程,如何通过"说"去引导市场预期,这是大学问,美联储对此驾轻就熟,央行需要赶快补课。

能通过"说"而引导市场预期?当然。去看看美元指数的走势,美联储根本没有动利率,仅仅通过"说要加息",美元指数已经从 78 涨到 98,这不是事实吗?现在又是这样,一会儿说加，一会儿又说不加，颠三倒四之间，美元指数回调。看到这些，我认为，人家的货币政策之所以非常有度，不会引发市场过激反应，关键是有管理市场预期的一整套"心理手段"。我认为，这才是我们应当好好学习的地方。

解开束缚人民币的锁链

(2016 年 10 月 17 日)

货币政策走向必须以国内经济健康为前提，而不能为所谓的人民币国际化服务。

　　10 月 17 日中国外汇交易中心公告，美元兑人民币汇率中间价报 6.7379，贬值 222 点，再创 6 年新低。分析人士认为，上周末美国经济数据向好，美联储主席发言被认为偏向加息，因此导致美元上升，从而压制人民币汇率走势。不错，人民币兑美元汇率应当是怎样的比价关系，在这个问题上，市场化程度已经很高了，决定因素也十分复杂。比如，它取决于中美两国经济基本面的变动情况，取决于中美两国的利率变动情况，取决于中美两国货币的购买力情况，取决于中国货币市场人民币与美元的供求关系，等等，还有一个很重要的决定因素：它取决于美元的国际走势。

但是，现在有一种说法正在绑架人民币兑美元的汇率变动。前不久就有观点认为，人民币兑美元汇率不能低于 6.8；还有观点认为，中国外汇储备不能低于 3 万亿美元。这两个观点表面看说的是两件事，但实际都在说一句话：要捆住人民币手脚，让这样的设限变成击垮人民币、击垮中国经济的工具。

我们看到的事实是，人民币兑美元已经非常接近 6.8，而中国的外汇储备也已经非常接近 3 万亿美元。在小型的货币攻击时有发生的背景下，人民币很容易跌破 6.8，而中国外汇储备也很容易跌破 3 万亿美元。因为，每一次应对货币狙击，央行都不得不动用外汇储备，抛售外汇而吸纳人民币。所以，他们给人民币设限，用"两头儿堵"的手法捆绑人民币市场波动，一方面告诉你，人民币不能超过 6.8"底线"，从而迫使中国央行大量消耗外汇储备以托住人民币币值；另一方面，告诉你外汇储备不能低于 3 万亿美元，低于 3 万亿美元就无法阻止人民币攻击。

然后，他们用不断的小规模的货币攻击消耗你的外汇储备，最终让你必须放弃一端，要么看着人民币兑美元汇率跌破 6.8，要么看着中国外汇储备跌破 3 万亿美元，而借此引发市场恐慌，让所有人，尤其是国人跟随他们抛售人民币、吸纳美元，这时人民币必然出大事。用老百姓手中 50 万亿元人民币储蓄，对抗 3 万亿美元——约合 20 万亿元人民币的外汇储备，那结果会是什么？

当然，还有一种绑架手段：人民币国际化。许多言论认为，人民币贬值将阻止人民币国际化。这真是非常荒谬的提法。中国社科院学部委员、国际金融专家余永定给出明确答案，他说："这个逻辑完全错误。人民币国际化并不是货币政策和宏观经济政策的目标，不能以这个目标来统领货币政策的最终目标，如物价稳定、经济增长、充分就业和国际收支平衡。相反，人民币国际化应服从其他目标，即货币政策的四个最终目标的顺利实现。人民币国际化的步伐可以加快，但这种加速不能影响四个最终目标的实现，而且不能把人民币国际化本身作为最终目标，让别的目标来服从它。很多人在谈论是否将金融稳定纳入货币政策的最终目标之中，我认为，在实际操作中，金融稳定几乎已成为货币政策的最终目标之一。如果加速人民币国际化的步伐会影响金融稳定，那到底如何取舍呢？我认为，我们应该以保证金融稳定为前提。所以，不能把人民币国际化作为决定我们是否要加速资本账户开放的一个根据。"

这一点十分关键。我早已提出，货币政策走向必须以国内经济健康为前提，而不能为所谓的人民币国际化服务，更不能让人民币国际化或迫使人民币升值绑架中国货币政策的手脚。这必须是中国央行至高无上的"大原则"。所以，余永定一直反对中国资本账户加速开放，因为人民币波动已经被套上枷锁,在此前提下,相对严格的资本管制恐怕是维护中国金融安全或经济安全的唯一选项。

不错,破解束缚人民币手脚的关键工具就是"相对严格的资本项目管制",而这一点同时是维护中国资本市场健康稳定的关键所在。所以,中国股票投资者一定要明白央行怎样的做法才是真正保护我们利益的做法,千万不要被别有用心者"忽悠"了。我可以明确地告诉大家,在当前情况下,适度强化资本管制,允许人民币有序、有度地贬值,才是最有利于中国股票市场上涨的货币环境。

(原载经济网,[2016-10-18]http://space.ceweekly.cn/niuwenxin)

人民币涅槃？

(2015 年 11 月 17 日)

> 尽管人民币在国际贸易当中有了相当程
> 度的使用，但距离国际计价和结算货币
> 还有很远的距离。

　　一年有余的叫喊之后，美元终于加息了。的确如市场所料，离岸人民币兑美元汇率出现了 250 个基点的贬值。而美元指数连续三天走高，从 97.70 来到 98.91，远不及预期中的涨幅。比较不同的是，股市不跌反涨。尽管如此，我还是坚持认为，美国不愿意看到美元因加息而不断升值。因为，这对美国"再工业化"的既定方针不利。当然，如果美国试图利用美元升值而进一步打压商品价格，进一步压低美国工业成本，那情况则另当别论。我们看到，市场确实出现了这样的切换。过去，商品价格因炒作全球需求不足而下跌，现在是不是已经切换到美元升值预期? 别说, 有这个可能性, 或许这正是高盛三番五次强调石油价格将跌至 20 美元的关键。

但无论如何, 美元升值对美国实体经济不利, 这也是定论。所以, 这是一个矛盾: 一方面美国需要美元升值预期压制商品尤其是原材料价格, 以使美国 "再工业化" 获得便宜的原材料; 另一方面, 美元升值影响美国商品出口, 加大贸易逆差, 而使 "再工业化" 受到影响。那怎么办? 打破市场规律, 寻找 "另类平衡"。可能吗? 可能, 美国过去 7 年一直在这样玩儿, 神出鬼没、变化多端, 无法用经济学常识加以解释。这其实正是国际经济形势日趋复杂的关键。

不管如何复杂, 全球货币政策走势开始分化是确定性的。美元加息, 除了盯住美元的小经济体货币必须跟随之外, 大经济体的货币政策开始与美元逆向而行。注意, 这不叫货币政策独立性, 而是各国货币政策内外综合评估之后的行动。那人民币怎么办? 我们注意到, 12 月 11 日, 美联储加息前一周, 中国外汇交易中心首度发布 CFETS (人民币汇率指数), 市场普遍认为, 这样一个市场机制的安排, 或许预示着中国希望摆脱人们紧盯美元看待人民币升值或贬值的被动。

当然, 这样的做法同时引发世人猜测: 这是不是意味着中国央行将在更大程度上容忍美元波动? 或者说, 在更大程度上容忍人民币兑美元贬值? 也正因如此, 在 CFETS 首度发布后, 不少国际投行提高了明年底人民币兑美元的贬值幅度。

到底该如何正确理解人民币指数的公布？我认为，中央银行毫无疑问地有试图转移市场视线的倾向。从单一美元视角理解人民币升值或贬值，转向参考一篮子货币观察人民币升值或贬值。央行理解人民币指数出台时间尚短，市场习惯还不易迅速转换。但方向应当是给定的。

我当然希望这事儿成真。但我们必须意识到，在美元强势尚未改变的前提下，试图让市场摆脱美元视角恐怕难以实现。据我所知，2005 年人民币汇改以来，几乎所有市场参与者都没有在乎过"一篮子货币"的参考意义，而计算人民币兑非美货币汇率该升值还是该贬值，通常需要以美元作为第三方货币进行核实和判断。这其实是很麻烦的事儿，而这件麻烦事儿，不会因为人民币兑一篮子货币的指数的出现而发生实质性改变。

我们说，一个货币的强弱不是汇率决定，而是全球通用性决定，人民币指数的出现不会改变人民币的通用性，也不会改变美元的通用性。尽管人民币在国际贸易当中有了相当程度的使用，但距离国际计价和结算货币还有很远的距离。当然，不能因此而否定人民币指数存在的意义，只是说，让市场心甘情愿、自然而然地接受人民币指数对汇率评价的作用还有很长的路要走。同时，人民币指数还要接受国际货币投机市场的考验。

那么如何看待美元加息对中国的影响？在战略上藐视，

在战术上重视。我还是那句话：加强资本流动管理，加大居民个人换汇管理力度，警惕恶意攻击。这没办法，这是由人民币国际地位决定的，也是发展中国家自身金融和经济安全决定的，更是保住中国金融和经济实力的核心要素。因为，人民币还需要好好修炼，涅槃是一个艰难的过程，而不是一夜之间的成果。

欧洲 QE 中国咋办？

（2012 年 9 月 7 日）

现在发生的就是"货币战争"，各国在
主权能力的支撑下，选择正确的货币政
策至关重要。

记住这一天吧！2012 年 9 月 6 日。这一天，债务危机深
重的欧洲央行终于拿出了"最后的狠招儿"，宣布"不限量
收购重债国债务"。尽管此举对欧元区或许是必要的，也是根
本解决问题的最有力度的招数，但对于发展中国家而言，这
将是一场灾难的开始。

不错，欧美股市大涨，那是因为它们经济状况好吗？不
是，那是货币效应；大宗商品价格也在暴涨，那是因为需求
增加吗？不是，那同样是货币效应。它是大宗商品计价、结
算货币大幅贬值的必然体现。所以，我们必须明白，这是货

币战争,是发达国家通过滥发货币、制造通货膨胀掠夺穷国财富的典型案例。

尽管,欧洲央行说为了防止通胀,会采取"对冲"措施适时回笼多余的货币。但在我看,对冲的可能性很小,因为我还没有找到欧洲央行对冲流动性的有效工具。有人说,欧洲央行可以通过提高存款准备金率对冲债券购买。这好像不合常理,因为调整法定存款准备金率的政策力度远远大过债券收购,而且这是用打劫欧洲所有银行流动性的方式去救助受灾国,这样的措施有实施的可能? 我看没有。

所以,"对冲"不过是糊弄世界的一种说法而已,没有实际意义。但是,如果没有对冲工具或工具根本不好用,那将意味着欧洲银行已经宣布"无限量投放货币",这是典型的"债务货币化"的行为,是通过投放货币、通过减低世界其他欧元持有国国际购买力、通过汇率贬值强化出口拉动欧元区经济并借以降低欧元区,尤其是重债国债务负担的有效做法。

更可怕的是,欧洲央行破釜沉舟的做法,明显会刺激美联储,而这里可以肯定的是,QE3 不会是久拖不决的事情。这是发达国家第三轮大放货币的开始。正如我们一直担心的,这样的行为会强烈刺激国际大宗商品价格上涨,尤其是石油、贵金属、粮食。目前的市场事实,已经证明了这样的判断。

毋庸置疑,这对于"不允许跟随发达国家投放货币,而且以制造业为主体"的国家——比如中国而言，将意味着灾难性的后果。

第一，制造业生产成本将被原材料价格推高，这时企业维系正常生产必须加大贷款规模去满足更贵的原材料购买。这就是说，原材料价格上涨，客观上已经决定了货币必须多投放，才能保住企业按原定规模生产。此时如果不放货币，意味着企业无法获得足够的融资，意味着企业只能选择减产或停产。值得注意的是，减产到一定程度，企业生产达不到必要的规模，不停产就会亏损。

第二，不放货币，不满足原材料上涨导致的企业贷款需求增加，贷款成本将居高不下，甚至会继续攀高。这将意味着企业财务成本"量价齐升"，大规模吞噬实体企业利润，这也将导致企业被迫停产或减产。

第三，成本推动 CPI 上涨，如果不放货币，在大量企业停产、减产甚至破产的前提下，会发生供给的严重不足，将进一步推高物价，而同时伴随着国民收入减低。这样的情况一旦发生，社会动乱在所难免。

第四，国内企业停产、减产甚至破产所导致的供给不足，是不是可以通过进口补足？不可能。因为，渐渐失去购买力的外汇储备将不足以支撑国民需求。

这就是中国面临的困境。此时此刻，中国千万千万不能再度紧缩货币，不能用紧缩货币去应对成本推动的物价上涨。

我们说过太多次,那样会击垮中国经济,使得发达国家转嫁经济危机的做法彻底得逞。那将意味着,发达国家制造的金融危机、经济危机将由中国等实施了错误货币政策的国家埋单。

那中国是不是该主动投放货币?错。我依然坚持货币政策的"被动性"原则,不要主动投放,也不要主动收缩。而需要的是充分满足实体经济需求。必须明白,此时充分满足实体经济需求,一定会出现贷款以及货币供应量增加的情况,增加就增加,这是被迫而正常的增加,千万千万不要因此而主动收缩。

我们为什么一直强调中国货币政策的重要性?因为现在发生的就是"货币战争",各国在主权能力的支撑下,选择正确的货币政策至关重要。鉴于国际货币体系既定的残酷性,人民币以及世界所有弱势货币国家都不可能有能力打赢这场战争,但我们必须想方设法减少战争中的损失。

还是那句话:在中国已经加入 WTO,已经是全球经济一员的前提下,如果我们还是将目光只盯住国内,只想办好自己的事,那问题就会越解决越多,越解决越大,直至首尾难顾,一发不可收拾。经历了过去,我们现在该清醒了。

QE3：中国做好准备了吗？

(2012 年 8 月 24 日)

> 中国已经是欧美认准的第一块也是唯一
> 一块可以供其饱餐一顿的肥肉。

　　美联储最近一次的议息会议纪要终于面世了，从其公布的内容看，美联储这次真的讨论过 QE3 的问题，而且为之预设了明确的前提条件：美国经济继续疲弱。那美国经济会继续疲弱吗？会，毫无疑问。尽管美国通过大量的资本引入，通过大量的优惠政策吸引实业资本回流美国本土，但这绝非一朝一夕之事。而更重要的是，美国面临"财政断崖"的危险，政府已经没有财力大规模支撑以减税为前提的"优惠政策"，相反加税已成当务之急。

　　既然美国经济羸弱难改，那 QE3 还有什么值得怀疑的吗？当然，我们永远都不要忘记，美国的债务早已到了不可持续的境地。这一点，无论时局如何变化都不是美国短期内可以扭转的基本事实，也是美国必须更长期地坚持量化宽松，并借此侵吞他国财富，减低自身债务水平的最重要的基础动力。

美国 QE3 会使全球经济陷于滞胀。这一点，世界各国都已经看得十分清晰了。但问题是，QE3 这件事会不会就此而停下来？我看不会，这是迟早的事。我再次重申这件事一定发生的客观理由：无论是欧洲还是美国，它们的债务问题已经不可持续。现实已经告诉我们，过去根本不愁发行的美国国债和欧洲一些国家的主权债券，现在一旦发行成功都变成了"值得庆贺的事情"。而且，其发行利率备受关注。这一现象证明，欧美债务是不可持续的。

现在之所以基于减少债务负担的欧元区和美国都不敢轻举妄动，当然有来自各国政府的压力，因为欧美都必须指望其他国家继续购买它们的债券。欧美寄希望于他国不断购买自己的债券，又希望尽快甩掉历史债务包袱。这显然是一对矛盾的期许。也正是因为这样的矛盾，欧美在货币量化宽松问题上还稍显谨慎。

另外，就是欧美双方的货币贬值竞争。这样的情况古而有之，历次大的全球性经济危机、金融危机发生之后，欧美双方都会展开货币贬值竞争，这次也不例外。其实，此前欧元与美元利用一切可以利用的手段（比如，逼迫人民币升值、欧债问题等）推低各自的货币汇率，目的就是迷惑世界其他国家，而使自己在危机中占尽先机。

最近的一些事也表明了欧元和美元之间"你一拳，我一脚"的货币竞争。美国各大财经媒体透露 QE3 将被本次议息会议讨论之后，欧洲央行行长立即表态不惜一切代价保卫欧元，结果 QE3 似乎偃旗息鼓；之后，也就是两天前，德拉吉表示要大规模收购欧洲各国债券，结果美联储议息会议纪要中便出现了"有条件 QE3"的明确表态。

我们说，当今世界经济现实复杂就复杂在"各样重大矛盾"的存在。欧美之间矛盾重重，同时还合起来忽而利用、忽而打压中国等新兴市场经济体，并借军事、政治动作搅乱世界，以便于自己乱中取胜。

但无论怎么乱，我们必须清醒地意识到，中国已经是欧美认准的第一块也是唯一一块可以供其饱餐一顿的肥肉。我们怎么办？

我一直不想说、但却是唯一有效的方法——降低开放速度，加强资本流动的管制，甚至必要时临时性关闭国门。这当然会使中国面临重大的国际压力，但这却属于中国主权范畴，他国干涉不着。

要实施这样的对策，中国必须依靠全国人民代表大会，立即讨论中国的"金融、经济危机应急方案"，以中国人民的名义赋予中央政府以临时实施最严厉资本管制，甚至关闭资本账户的权利，同时对恶意搅乱中国经济、金融的资本实施严厉处罚，甚至没收其在华资产的收益。

也许我们永远用不着这部法律，但有了这部法律，势必对搅局中国经济的恶意资本构成强大的威慑力量。同时，我们应当仿效欧元区，对美国滥发货币的行为采取"跟进政策"，而唯一不同的是，中国政府应当利用强大的行政权力，确保百姓收入增长盯住CPI，从而"扛过"这场危机，而不至于倒在危机之中。

第三章

人民币要强还是弱

我们必须学会自我保护，而绝不能完全落入"强者规则"，因为那是陷阱。当然，最好的办法是我们自己也变成强者，但这不仅需要很多很多年的时间，更重要的是：我们必须有能力与强者周旋，在变成强者之前不至于被强者吞掉。

人民币定位有变

（2017 年 3 月 8 日）

中国经济基本面强劲，人民币才有稳定
的基础，国际社会才会对人民币有信心。

今年政府工作报告当中，在涉及人民币汇率问题的时候，
提法出现了明显的变化，第一次出现了这样的表述：坚持汇
率市场化改革方向，保持人民币在全球货币体系中的稳定地
位。而过去的一般表述是：进一步完善人民币汇率市场化形
成机制，加大市场决定汇率的力度，增强人民币汇率双向浮
动弹性，保持人民币汇率在合理均衡水平上的基本稳定。

这之间有什么区别吗？我认为，区别很大。"推进汇率形
成机制改革，保持人民币汇率在合理均衡水平的基本稳定"这
样的提法，基本是把人民币当成"本币"去考量，没有国际货
币的韵味。但"保持人民币在全球货币体系中的稳定地位"的

表述，实际已经超出了"本币"表述，而是将人民币定位为国际货币体系的组成部分。也就意味着，不管国际社会怎么看、如何评价，至少中国政府已经将人民币定位为国际货币。

应当说，这样的提法转变和认知转变有一定的道理，毕竟人民币已经正式进入 SDR，变成全球五大货币之一。既然如此，中国政府当然有理由将人民币定位为国际货币，至少可以自视为国际货币体系的组成部分，这并不为过。但是，人民币是不是可以真正获得"稳定的国际地位"？说起来简单，做起来难。

今天，新华社就此采访了中国人民银行某副行长，在他看来，"保持人民币在国际货币体系中的地位稳定"关键在于"人民币汇率稳定和汇率框架的稳定"。易纲说，实践证明，我们在这过程中保持了人民币在合理均衡水平的基本稳定。"比如说，美元指数走得很强，别的很多货币贬值比较多，人民币实际上是比较稳定的货币。"所以易纲认为，随着人民币国际化不断推进，相信人民币在国际货币体系中的地位会越来越稳定。

也许是对记者采访准备不足，所以回答实在不尽如人意。同时，这样的回答也体现了中国金融管理者的一种思维定式：就金融论金融。这样的问题同样体现在某些专家身上。某专家在接受采访时表示，"保持人民币在全球货币体系中的稳定地位，这个提法非常好，就是让国际社会对人民币保持信心。"他进一步解释说，保持人民币稳定具体来说就是对于美元、欧元等主要货币，人民币汇率要相对稳定，不能够大幅下降或者大幅上升。而且结论是：只有稳定，才能够国际化。

我说这样的认知属于"无脑"。一方面说推进人民币市场化，让供求关系决定汇率；另一方面又说"必须保持稳定才能够国际化"。我们的问题是，市场变化是不是可以"自然而然地让人民币保持稳定"？如果答案是否定的，那上述说法岂不是矛盾？这实际是认知上的"两张皮"。我坚信，如果记者的问题是集中在"坚持汇率市场化改革方向"，那这些"专家"就会有截然相反的说法：汇率就应当波动，升值贬值是市场供求关系变动的结果，政府应当尽量不干预。

到底应当如何才能"保持人民币在国际货币体系的地位稳定"？我认为，全国政协委员、中国社科院学部委员余永定讲的认知比较到位，他提出"五大要件"：第一，中国经济基本面强，经济实力是根本；第二，中国进出口贸易在GDP中的占比要足够高；第三，汇率要有足够弹性；第四，资本流动也要有足够自由度；第五，需要坚守一系列国际义务。

中国经济基本面强劲，人民币才有稳定的基础，国际社会才会对人民币有信心，这是最最核心的基础性问题，但我们的大牌儿经济学家经常忘掉这个"根本问题"。如果中国经济基本面强大，超出其他经济体，那人民币就该升值，反之就该贬值。按照汇率基本理论，作为国际经济的一种自动平衡机制,我们如何保障稳定?对谁稳定?我们看到的现实是,无论美元、欧元还是日元、英镑,这些老牌儿国际货币根本谈不上稳定,那人民币有什么能力保持稳定?

所以,人民币地位稳定和人民币汇率稳定不能说"风马牛不相及",也可谓两个不同概念。当然,"保持人民币在国际货币体系中的稳定地位"还要有强大的国际贸易,否则人民币没有需求;还要满足许多国际货币体系的规则条件,这就是余永定先生说的"资本流动也要有足够自由度和坚守一系列国际义务"。

看到这儿我们不出汗吗?第一,过去我们的货币和汇率政策基本是"削足适履",以削弱中国经济为代价实现所谓的"均衡";第二,中国真有条件彻底开放资本市场,真可以不管资本跨境流动吗?第三,去无条件坚守国际义务,我们的实力何在?对我们有什么好处?所以,我们不能盲目支撑"刻意"人民币国际化的努力。我认为,这件事可以做,但不能急于求成,更不能以牺牲国家经济利益为代价。

更重要的是,中国要在人民币汇率形成机制方面大胆"创新",为所有以实体经济为本的国家,尤其是发展中国家开创一条符合自身经济特质的货币汇率制度。这才是一个伟大的国家应当努力不懈的目标,为市场化而市场化的改革极易使人"忘记初心"。

如何判断人民币强弱？

(2015 年 3 月 4 日)

什么是强势货币？我认为，核心在于货
币的计价权和结算权，而不仅仅是世界
各国政府对该货币的认同度。

"两会"期间，中国人民银行某副行长对媒体表示："美
元近来是最强势的货币，人民币紧随其后。"甚至有人干脆将
此话解读为"人民币是仅次于美元的强势货币"。我认为，
这种提法既不科学，也不准确。我想，该副行长所表达的仅
仅是汇率走势的强弱，而绝非货币的强弱。如果我们重要的
金融主管仅仅以汇率走势判断货币强弱，那实在让人汗颜，
令世界耻笑。

什么是强势货币？我认为，核心在于货币的计价权和结
算权，而不仅仅是世界各国政府对该货币的认同度。美元的

强势表现在：第一，为国际大宗商品计价。正因为有了这样的计价权，所以美国的货币政策可以左右大宗商品价格的高低，从而影响世界各国的货币政策。第二，为国际大宗商品交易结算。到目前为止，国际大宗商品交易所用货币60%以上是美元，这导致非美货币国家"必须"储备美元，连欧洲、日本这样的所谓的"国际硬通货"国家也不例外，从而为美国带来大量"铸币税"收益。

那人民币是不是比欧元、日元强势？我们看到，个别中东国家的石油报价和结算已经开始部分地接受欧元和日元，是不是同样接受人民币？没有。再从国际储备看，IMF去年三季度公布的数据显示，欧元在全世界各国央行的储备当中占比23%，日元和英镑各占4%，但哪个国家的央行储备人民币？目前刚有一两个小小的非洲国家的央行试图将人民币列入外汇储备，而且还有巨大阻力。再从国际贸易结算看，尽管对华贸易过程中，人民币使用数量在快速增加，但人民币在整个国际贸易中的占比，根本排不上个儿，最多算聊胜于无。

更重要的是系统性的货币战略，中国不用说跟美国抗衡，就是跟欧、日、英相比也是相去甚远。基于上述，我不明白，人民币是仅次于美国的强势货币此话从何谈起？

我不是贬低人民币，更无意去贬低人民币。关键问题在于，我们有没有必要盲目自大？有没有必要向世界传达错误的信息？我认为，所谓人民币国际化刚刚起步，不用说距离美元、欧元、日元、英镑等老牌儿强势货币有多远的距离，就是与澳元、加元、瑞士法郎等不事张扬的货币相比，我们的差距也非常巨大，甚至不及巴西雷亚尔。因为，澳大利亚、加拿大、巴西都是自然资源十分充沛的国家，其他国家储备这样的货币至少可以去购买大宗自然资源。我的问题是：其他国家拿了人民币来中国买什么？

我们一直都在说，中国的确已经成为贸易大国，但还不是贸易强国。去看看货币历史，哪个强势货币国家不是先要成为贸易强国？所以，我们中国既然不是贸易强国，又何来货币强国？我们首先要跻身于贸易强国之列，这恐怕才是正途，否则人民币国际化无异于沙上之塔，早晚出事。

我们的某些官员太喜欢为自己所做的工作吹牛，但人民币国际化这件事最好少吹牛。这不是哪个人的工作，而是国家战略。既然是国家战略，个人就少吹。而且，人民币国际化也不是吹牛吹出来的，它需要坚实的综合国力。

在我看来，人民币国际化是一个自然而然的过程，对中国未来相当长的一段时期，意义不大。因为，我们赚不到"铸币税"，我们拿不到计价权和结算权，而唯一的意义就是推进人民币可自由兑换。实际上，这恰恰是美国等经济对手乐意看到的结果。为什么我们的经济政策总要按照美国希望的方向发展？这对中国有利？我怀疑。因为，我在人类经济历史上从未看到过。

　　所以，我劝中国金融主管们默默地工作，大力推动中国的资本形成，大力地推动实体经济健康发展。让人民币国际化来得更自然、更市场化一些。我们看到的事实是：德国人自始至终地坚持实业，而在整个金融危机过程中立于不败之地。

股市应当欢迎人民币有序贬值

(2016 年 5 月 25 日)

应当欢迎人民币"有序而可控"地贬
值，因为它预示着中国经济的国际竞争
力加强。

　　前不久，德意志银行估计，相对于 1∶6.4 的美元兑人民
币汇价而言，人民币存在 8% 左右的高估；与此同时，汇丰
银行也做出了人民币被高估的判断。而我认为，人民币被严
重高估，这一点我已经重复近两年了。因此，依据中国经济
现实，人民币在"可控而有序"的前提下出现一定幅度的贬
值，理所应当。为什么今天要说这件事？因为，近一周以来，
当美联储加息预期再次提升之后，人民币出现了不小幅度的
贬值。而就在今天，人民币兑美元的中间价达到 6.5693，比
昨天贬值 225 个基点。

我认为,这次不同于"811 汇改"①之后那次的情况,人民币没有受到"恶意攻击",尽管境外唱空人民币的声音依然不绝于耳,但从市场层面看,整体情况依然在可接受的范围之内。为什么可以做出这样的判断? 第一,我们并未看到境外人民币市场利率大幅攀升,这说明借取人民币并兑换成美元的投机性或攻击性操作并未"大规模"出现,我们当然不否认存在这样的行为,但只要不过分,不构成"攻击性",那均属正常范畴;第二,国内市场好像出现了所谓的"美元荒",或称美元流动性紧张,那基本是商业银行自己购回的"投机行为"所致,而老百姓兑换美元的热度,已经远不及年初;第三,贸易企业手中的外汇应当比较充裕,而并未发生大规模的购汇行为;第四,中国外汇和人民币异常跨境流动已经受到远比过去更加严格的监管。

鉴于上述,"热钱"攻击人民币的基础条件已经很差,所以喊归喊、贬归贬,真正要造成人民币大规模"攻击性"贬值的难度巨大。既然没有受到攻击性贬值,既然一切都不是失控状态,中国央行当然无须过度干预,而只要严阵以待,以监管为武器,并储备足够的弹药防微杜渐,避免出现失控状态就可以了。

---

① 811 汇改指的是 2015 年 8 月 11 日,中国央行宣布调整人民币兑美元汇率中间报价机制,做市商参考上日银行间外汇市场收盘汇率,向中国外汇交易中心提供中间报价。这一调整使得人民币兑美元汇率中间价机制进一步市场化,更加真实地反映了当期外汇市场的供求关系。

我们还是那句话。对于股市投资者而言，针对人民币贬值应当分清两类性质完全不同的状况。第一，应当欢迎人民币"有序而可控"地贬值，因为它预示着中国经济的国际竞争力加强。更重要的是，人民币"有序而可控"地贬值意味着中国货币政策相对宽松。第二，我们讨厌的应当是人民币被攻击性贬值。因为，人民币一旦发生攻击性贬值，中央银行势必出手对抗，而对抗过程中势必使用利率手段。

从历史经验看，为提高投机者借入人民币的成本，央行势必大幅收紧人民币流动性，从而严重拉高市场利率。尽管这是暂时的，但这完全取决于"攻击持续的时间"，如果时间过长，股市会出现严重的恐慌性下跌。1998 年我国香港地区就曾发生过这样的情况，投机者通过攻击汇率，逼迫当局拉高利率，而反手通过做空股指期货大获其利。正因为投机者获利不是单纯的外汇市场，所以如果他们有能力通过股指期货获利，对冲境外货币市场的利率损失，那他们的攻击的持续性就会大大增强。

切断利率、汇率、市盈率之间的联系是最好的对抗手段，但很遗憾，三者之间的关系根本切不断。那该怎么办？好在目前中国资本项目尚未完全开放。我们可以通过切断境内外市场的联通以达到保护国内市场不受外部攻击干扰的目的。实际上，"811 汇改"之后的外汇市场对抗，我们正是采用的这样的办法，以至于中国在抗击中所承受的代价小得多。遥想当年香港，过度的开放条件，使得政府不得不从外汇市场、货币市场和资本市场同时下手,那可是真金白银的对抗,实际代价非常巨大。

所以,中国作为弱势货币国家必须保持一定程度的资本管制,否则就像因失去森林而失去保护的羔羊,早晚成为食肉者的猎物。我同意社科院学部委员余永定先生的看法:资本项目完全开放是中国经济体制的所有改革中最为敏感、风险最大的改革。一旦中国完全解除资本管制,中国金融体系就完全暴露在国际投机资本的强大"炮火"之下。尽管中国拥有巨额外汇储备,中国金融体系的弱点也是十分明显的。例如,中国居民储蓄存款余额超过43万亿元。如果居民把存款中的10%由人民币转换为美元,就相当于近8000亿美元。如果解除对"个人资本流动"项目的限制,一旦居民把较高比例的人民币存款转换为外币资产,就可能导致灾难性后果。因此,资本项目完全放开仍需时日。

资本项目没有开放帮助我们躲过了亚洲金融危机的直接冲击,而未来很长一段时间里,尤其是国际市场风云变幻之际,我们依然需要强大的资本防线以稳定国内的经济环境。这不是什么落后,不是不思进取,而是事实告诉我们,除了资本防线之外,全世界都没有找到面对金融攻击的其他良方。

减少人民币贬值对抗

（2016 年 6 月 28 日）

> 人民币汇率的结果一定是市场交易出来
> 的，预期决定着它的走势方向，交易决
> 定着它的具体价格。

6 月 28 日，央行公布人民币兑美元汇率中间价报 6.6528，贬值 153 点，再创 2010 年来的新低。与此同时，前一日（6 月 27 日）离岸人民币最低跌至 6.6878，而今天早盘小幅反弹至 6.6760 附近。总体来看，因为英国"脱欧"而导致的人民币汇率大幅波动，已经出现了缓和迹象，其间，人民币兑美元中间价总共贬值 752 个基点。我认为，当美元指数上涨，美元兑一篮子货币升值之时，人民币兑美元贬值是极为常规的动作，至于是不是等幅度贬值，那是市场自然的选择，而无须过于在意。但我愿意看到中国央行抓住有利时机更多地放任人民币贬值,削减人民币兑美元的高估程度。

英国"脱欧"公投结果出台之后,英镑、欧元兑美元都出现了持续贬值,美元指数被动走强,重回 96.00 关口上方,在此前提下,人民币中间价持续走弱也在情理之中。值得一提的是,英镑兑人民币中间价昨日下调 6705 个基点,今年以来英镑兑人民币中间价累计下跌 6.82%。英国脱欧以来,英镑兑离岸人民币汇率从 9.87 大幅下跌至 8.91 附近,贬值幅度达 9.7%。也就是说,人民币兑英镑大幅升值,程度要远远高于人民币兑美元的贬值程度。

人民币兑美元贬值,但对其他主要货币——欧元、英镑等升值,而且比兑美元贬值幅度要大,这也是人民币兑一篮子货币或人民币指数稳定的关键。毕竟美元在货币篮子当中占有最大权重,如果人民币兑小币种升值幅度不够大,而兑美元大幅贬值,那人民币指数也就不可能稳定。

人民币兑美元需要贬值到什么程度,才会实现所谓的均衡?尽管这是大家都想知道答案的问题,但千万不要问这个问题,因为没人知道。人民币汇率的市场化程度已经非常深了,基本已经到了"如果不是非常情况央行不干预"的程度。所以,人民币汇率的结果一定是市场交易出来的,预期决定着它的走势方向,交易决定着它的具体价格。当然,我更希望央行时时刻刻地细致入微地观察市场变化和其背后的异常动作,而不是一放了之,大松心。

　　货币的价值判断要比股票难多了。股票价值判断我们还有许多方法，比如，无论如何我们都能获得一些公开披露的信息，可以依据企业的基本面和所属行业成长性，大致判断这只股票应当值多少钱。就算市场存在短时的投资偏好，资金存在短期的堆积失衡，致使真实的市场价格出现偏离，甚至大幅偏离其应有的内在价值，那我们也有办法：出掉一部分筹码，以少量持股，甚至不持股去应对它也就罢了，当然我们需要克服人性中的贪婪。有人说，许多公司并未披露真实情况，所以我们的判断往往失败。这是实话，也是实情。但是，我们还是有办法躲开这类股票，比如我们可以使用"放心六道筛"[①] 这样的工具，避开造假的公司之后，再去关注其他。

　　但货币价值不一样，其价值的相对性非常强烈。就算我们可以比较充分地获得中国国内的经济数据和所有的信息，但是不是可以掌握美国的全部经济信息？我看很难。所以，外汇投资者通常"短炒"比较多，因为未来变数太多。除非你有索罗斯的本事，去决定市场变化，去和中央银行对抗。谁都能想到英国"脱欧"公投会让外汇市场、股票市场发生大的震动，但到底有多大震动？什么时候结束？买进的美元该什么时候卖出才能赚到最多的钱？

---

　　① 指中国证券投资放心工程 A 股市场投资逻辑，包含三个方面（好公司、好股票、好买点）、六道安全筛选（财务安全、经营安全、行业安全、市场安全、定价安全、技术安全）。

所以我们需要敬畏市场，而不要去猜测人民币贬值的程度。那是不是无从判断了？当然有，一些基本的方法还是有的。比如，如果我们认为美国经济强于中国，美国利率是上涨趋势而中国是下跌趋势，那人民币的贬值就在所难免。但也必须考虑变数，比如美国在阻止人民币贬值的问题上采取哪些措施？中国央行对人民币贬值幅度的容忍程度如何？再比如市场预期的变化，等等。总之，悠着点儿。

（此文曾以文章名《抓住退欧时机，削减人民币兑美元高估程度》原载《中国经济周刊》2016 年第 26 期）

弱势货币需要自我保护

(2016 年 5 月 20 日)

这个世界的法律和规则都是强者制定的，弱国不仅没有制定规则的权利，同时也无法受到法律的保护。

　　证券监管的核心理念是保护"中小投资者"合法权益。为什么不是保护"所有投资者"的合法权益？这是一个根本性的问题。发达国家的证券监管者认为，机构投资者有很高级的研究团队，同时有能力用法律武器保护自己；而那些资金量巨大的个人投资者，他们拥有足够的财力聘请专业团队为之服务，有能力聘请律师维护自己的权益。但是，中小投资者不一样，他们没有这样的能力。所以，为了公平，必须实施监管，而监管的核心理念就是维护中小投资者合法权益。政府将通过强制性的做法，使"天平"从倾斜于上市公司、

机构投资者一方，转变为平衡。

但很遗憾，如果我们把国家强弱、货币强弱的概念放置于世界，放置于全球金融市场，有谁会站在弱国的立场去制定法律？又有谁会来保护弱小国家的应有权益？没有。这个世界的法律和规则都是强者制定的，弱国不仅没有制定规则的权利，同时也无法受到法律的保护。更残酷的是，这个世界上没有人认为"强者立法有失公平"，无所谓抗争，也无所谓好坏，而基本处于逆来顺受的过程中。但无论如何，这是客观存在，不可抗力。所以，我们必须学会自我保护，而绝不能完全落入"强者规则"，因为那是陷阱。当然，最好的办法是我们自己也变成强者，但这不仅需要很多很多年的时间，更重要的是：我们必须有能力与强者周旋，在变成强者之前不至于被强者吞掉。远的不说，亚洲"四小龙"和"四小虎"还在吗？不是被1997年的一场金融危机就给吞没了？

为什么今天要发出这样的感慨？因为，最近的两件事，不得不让人产生多重担忧。第一件事，当然是美国货币政策的变化。美联储在当地时间5月17日发表声明称，将于5月24日展开小规模国债公开销售，面值不会超过2.5亿美元；将于5月25日和6月1日分别开展两次小规模机构住房抵押贷款支持证券出售，总金额不超过1.5亿美元。这件事引发了市场对美联储开始"缩表"进程的担忧。当地时间5月18日，美联储发布了4月议息会议的细节，人们读出了重要信

息：美联储可能将在 6 月会议上做出加息决定。于是，国际
金融市场风云突变，美元指数大幅上涨，而人民币随之贬值。

　　第二件事刚刚在日本发生。5 月 21 日，OECD 央行银行
家和财政部长们将齐聚日本仙台，参加 G7 峰会。但会议尚未
开幕，美国和日本在货币政策上的关系紧张已经开始显露。
有媒体报道称：自从日元对美元开始长期贬值进程以来，两
国在汇率问题上的争吵就一直没有停过。今年年初以来，日
元兑美元已经贬值了近 9%。此前，日本财相麻生太郎在公
开场合披露，两国政策制定者之间一直都在争论，现在，已
经到了美国考虑是否出手干预的地步了。麻生太郎透露："我
们在电话里一直吵。"

　　麻生太郎还重申，只要认为必要，日本官方会毫不犹豫
地干预汇率，哪怕美国财政部将日本列入汇率操控监视名单，
也"不会束缚"他们的汇率政策。前不久，美国财政部公布
了一份名单，把日本、德国、中国（大陆）、中国台湾和韩
国列为"汇率操纵监视国（地区）"。但是，这样的做法并未
让日本在汇率干预方面停止脚步，因为他们手中有个重要筹
码：帮助美国重返亚洲，并充当美国搅局中国的"急先锋"。
实际上，冷战结束后，在中国经济还显得十分弱小的情况下，
日本对美国的作用已经十分有限了。但当中国长大，并被美
国视为威胁或可以屠杀的肥肉时，日本对美国的作用开始发
生变化，而日本之所以敢于无视美国对日元汇率的欲望，关
键就是日本采用了"以政治换经济"的策略。

但是，日本走得太远了。它是不是已经超越了美国的容忍度？不得而知，但至少在汇率问题上，两国的分歧会越来越大。不管日本在中国问题上扮演的角色多么丑陋，我们需要看到在经济问题上，日本比中国更会和美国周旋。而这一点值得中国学习。

很明显，美联储的货币政策历来都会对全世界构成严重影响。据说，中国货币当局也在不断和美联储沟通，希望美国能重视其货币政策的外溢效应，但我坚信这不会有任何作用。怎么办？面对强势货币的政策冲击，在没有"保护伞"的情况下，我们只能打自己的主意。千万不要让"人家的规则"捆住自己的手脚。我认为，只要是保护国内经济稳定的手段，我们都要保留，都应当在必要时使用。在时刻警惕恶意攻击并为之储备好弹药的前提下，人民币该贬值就贬值。

人民币过强不是好事

（2016 年 3 月 18 日）

过于坚挺的人民币对中国经济弊远远大
于利，尤其是中国经济下行压力巨大的
时候。

美联储放弃 3 月加息的机会，实际加剧了发达国家货币
竞争性贬值。如果这一大趋势无法扭转，那中国人民币过分
地升值就不是好事。因为，它将使中国在全球实业资本竞争
中处于劣势地位。我们一直强调，货币战争的背后是资本争
夺，而当今世界主要经济体为了争夺实业资本无所不用其极，
负利率程度的不断加剧就是典型案例。负利率将本国金融借
贷成本压到极低，目的就是最大限度地释放国内投资者风险
偏好，排斥货币套利，而更有利于资本市场发育。

有人说美联储不是已经放弃零利率政策，而有过一次加

息了吗？但我们一定要看到，美联储用了一年的时间只上调利率 25 个基点，0.25% 到 0.5% 的基准利率水平，依然是极低的利率水平。美联储还有一项政策或许并未引起国人的注意。在退出 QE 之后，美联储并未缩减已经严重扩大的资产负债表。正如此次议息会议声明中所说：美联储将维持现有的政策，将来自于所持机构债和机构抵押贷款支持债券的本金付款再投资到机构抵押贷款支持债券中去，在国债发售交易中对即将到期的美国国债进行展期，并预计，直到联邦基金利率水平的正常化进程顺利展开以前都将继续这样做。

什么意思？这是说，在利率正常化之前，美联储不会缩减资产负债表，而维系原有的资产负债水平。华尔街非常明白，这项政策将使美联储的长期债券持有量保持在可观的水平，从而继续压低长端利率，保持金融市场上长期流动性的高水平。低利率＋长期流动性释放，这当然使得美国金融市场的流动性和稳定性大大增加，当然有利于实体经济筹集资本，当然会推动美国"再工业化"策略。

现在的问题是，中国是不是也要跟随这样的潮流？从目前情况看，中国政府、央行也在采取手段压低金融市场长端利率。比如今年以来，央行已经三次通过压低中期借贷便利（MLF）的利率压制货币市场长端利率水平。1 月，央行下调了 6 个月期限 MLF 利率，2 月下调了 6 个月和 1 年期限 MLF 利率，3 月 16 日，在美联储宣布不加息之后，央行针对 MLF 操作向部分银行询量，并下调了 3 个月、6 个月和 1 年期各期限利率25个基点。这当然是正确的选择。

说句题外话。不要再把眼睛紧紧盯住央行对存贷款利率的调整，因为利率市场化之后，目前央行已经开始实施"利率走廊"的管理方式。即在存款基准利率（下限）和MLF利率（上限）之间建立货币市场利率走廊，并实施区间管理，通过MLF利率的下压或上升（收窄或放宽走廊）引导所有市场利率的走向。所以，当存款基准利率与MLF利率之间还有很大空间之时，央行降息没必要降低存款基准利率，而压低MLF利率本身就是明确的降息动作。至少，在利率市场化的前提下，降低MLF利率的效果等同于降息。

回到人民币汇率的问题。我们认为人民币过强对中国经济弊大于利。从利率端考察，所有发达国家（硬通货国家）保持极低的甚至负利率，必定使中国人民币的利率水平偏高，从而吸引大量的"套利热钱"流向中国，并进一步推高人民币币值。于是，极易造成人民币升值和套利热钱流入的恶性循环。就目前的人民币汇率形成机制看，热钱流入之后的第一购买者是商业银行（外汇市场做市商），它们购进外汇释出人民币之后，人民币流向利率高的中小银行或短期理财产品，必将加大外汇市场做市商的短期流动性紧张程度，从而推高货币市场短端利率。

实际上，现在就是这样的情况。货币市场短端利率降不下来，甚至还有上行之势，而长端利率不断下行。问题是，现在短端与长端利率水平已经越来越接近，而这样的市场走势必然导致一个结果：短端利率水平过高而限制长端利率的进一步走低。搞不好，长端利率也会回翘走高。这不是有悖于央行压低长端利率的意图吗？这当然是问题。所以，我希望，央行必须控制人民币升值幅度，不要让人民币走势过强，更不可长时间持续。

当然，汇率有升有贬这不足为奇。但我们必须明白，过于坚挺的人民币对中国经济弊远远大于利，尤其是中国经济下行压力巨大的时候。

人民币应当适度贬值

（2015 年 12 月 7 日）

金融竞争越激烈，企业融资成本越高，
"融资难、融资贵"问题就越严重。

不管美联储 12 月是否加息，人民币都应当适度贬值。这是国内和国际经济状况的客观要求。如何判断？

第一，国内经济下行压力巨大，而美国经济复苏却有很高的确定性。对比之下，中国的人民币没有理由长期保持不贬值状态，这是最基本的认知。第二，中国利率已经开始下降，而美国利率开始上涨，在利率平价的作用下，人民币岂有不贬之理？第三，国人境外疯狂购物而国内消费疲弱，这实际已经透射出人民币高估，所以人民币应当适度贬值。

现在，唯一推高人民币币值的理由就是贸易顺差，而实际过程中，这也恰恰是人民币币值稳定或不会大幅贬值的说辞。但我们必须看到，中国贸易顺差来源有两个方面。其一，出口滑落的速度低于进口回落的速度，而进口之所以大幅滑落，应当被视为内需疲弱的表征，既然如此，贸易顺差并不代表中国经济基本面健康；其二，贸易顺差源自加工贸易顺差的刚性存在，而加工贸易顺差属于其他国家贸易顺差的转移，不是真正的中国顺差。

所以，我们一直怀疑"让人民币汇率更多地由市场供求关系去决定"这样的提法和做法是否科学。我们必须看到世界之变，而过去被世人奉为圣旨的经济学原理，恐怕正在随着现实之变而被否定。比如，发达国家国家相继实施空前规模的 QE，这是不是应当引发通货膨胀？当年，整个世界都在担心这件事，包括中国的经济学大师们。但事实是，不仅没有发生恶性通胀，反而物价下跌，出现通缩。尤其是以美元计价结算的国际大宗商品和石油价格并没有因为"全球性货币爆炸"而出现暴涨，反而下跌。

这样的现实走势，使得"通货膨胀问题无论如何都是货币问题"这一经典论述变得毫无血色。所以，现实告诉我们，通货膨胀问题无论如何不能只考虑货币问题。现在看，通货膨胀问题更多的是市场需求问题。实际上，大量发行的货币已经被金融投资、投机市场给消化了，它变成了财富再分配的工具。有统计显示，金融危机之后，整个地球的贫富两极分化问题越发严重，极少数的人群拥有过多的财富，必然导致全社会的需求不断弱化。因为，极少数人的奢靡无法支撑全社会的消费增长，更与物价无关。

最近，一些经济学家有意无意地夸大中国"供给侧改革"，甚至不惜歪曲习主席讲话，为什么？我认为，对一些别有用心者而言，他们非常希望绑架中国的货币政策（总需求政策），而把供给侧改革强调到极致目的，也无非是进一步扭曲中国的总需求政策——货币政策，挤压中国货币宽松的空间，不让人民币贬值，而进一步压缩中国经济内需，让中国产能更加过剩，最终把中国经济逼向危机。

所以，我们一定要识破一些人的险恶用心。尤其是中央政府的金融决策者千万不能糊涂。我们再次重申，金融竞争越激烈，企业融资成本越高，"融资难、融资贵"问题就越严重。

为什么？因为，金融是"倒腾钱"的生意。任何金融机构，不管大小，都必须首先考虑钱从哪儿来。所以，金融竞争首先是负债端的竞争，是存款的竞争。存款竞争的结果是什么？拉高存款利率（拉高所有金融负债端的成本），而且期限越来越多，存款的稳定性越来越差。请问，这样的情况下，贷款端（资产端）的价格降得下来吗？

这就是现实。从我最近接触的一些小型金融机构看，因为没有稳定的资金来源，所以它们越来越多地设法设计"短期金融套利产品"，而越来越少地考虑通过企业贷款赚钱。这不是造孽吗？这不是说明中国金融越来越多地倾向于"货币投机"，而不再关注企业贷款问题吗？这样的创新是摧毁中国经济，还是激励中国经济？这不是个大是大非的问题吗？

所以，我们千万不要认为竞争会提高效率，竞争提高效率的假设实际是通过"竞争达成垄断"去实现的。而强调过度的市场化、强调无序的竞争，其结果不是带来成本的降低或效率的提高，而是社会经济秩序的畸形和破坏。比如，电商平台塑造的过度竞争环境，摧毁了中国商业和许多消费品行业，当市场供给严重短缺的时候，价格不是飞涨吗？金融业一样，过度的竞争必然导致金融的短期化、投机化，这不是和金融为实体经济服务的原则背道而驰吗？实际上，如此恶劣的商业环境、实业环境之下，人民币岂有不贬值之理？

（原载经济网，［2015 - 12 - 09］http：//space. ceweekly. cn/niuwenxin）

不要用加息阻止贬值

(2016 年 5 月 19 日)

> 适度贬值，不仅有利于中国逐渐释放经济风险，而且会使中国经济的活跃度有所提高。

今天，人民币兑美元出现了较大幅度的贬值，我认为，只要是可控状态下的有序贬值，尤其是在美元加息预期或升值预期比较强烈的情况下，人民币兑美元相应做出贬值动作，不仅正常，而且是大好事。因为，人民币兑美元高估，这是共识，而美元升值时相对压低人民币币值，恰恰是对人民币高估的修正。这样的适度贬值，不仅有利于中国逐渐释放经济风险，而且会使中国经济的活跃度有所提高。当然，前提是可控、有序，而非受到大规模的"做空攻击"而贬值。

需要解释的是，做空者总是存在的，否则人民币也不会贬值；这就像升值一样，没有做多力量升值动力何在？关键是"度"。现在看，"度"还在中国央行的掌控之中，并未发现不可接受空头势力。从最近一段时间汇率市场变化情况看，很有水平，相当正常。基本反映了美国加息与否的预期，升值和贬值都没离开正常而有序的轨道。最好的佐证是中国货币市场利率波动幅度很正常，并没有因为汇率变动而出现异常变化。

我绝不希望看到人民币贬值的同时，中国货币政策利率大幅攀升，这是一个"死循环"。巴西、俄罗斯都有过用大幅拉高利率阻止本币贬值的事例，但效果基本为零。因为，利率大幅攀升的结果一定是摧毁国内经济，而国内经济的进一步疲弱，将为本币提供进一步贬值的理由，而这个贬值的理由将是根本性的。

现在，人民币贬值恰恰是因为国内经济的问题。比如，杠杆率过高的问题，经济下行压力巨大的问题，等等。如果此时因为阻止人民币贬值而大幅拉高利率，那结果一定是急速恶化中国的经济杠杆，并同时使经济下行压力更大；为阻止经济下滑，政府不得不再次出手，而与政府项目配套的杠杆规模又会继续上涨。如此，岂不是恶性循环？所以，我坚决反对哪怕是在"特殊情况下"以拉高利率的方式阻止人民币贬值。那怎么办？强化资本跨境流动的管理。

看样子，中国确实在这样做。今年3月23日，外汇局综合司司长王允贵强调，中国现行的外汇管理工具是充足有力的，相关的措施能够比较有效地执行到位，银行也是积极配合的。下一阶段会继续研发新工具管理跨境资金流动，包括外债宏观审慎措施、托宾税等。5月14日，外汇局传出消息，为进一步强化跨境资金流动管理，防范异常资金流动风险，2015年，国家外汇管理局在全国范围开展利润项下异常资金专项核查。5月17日，国家外汇局公布数据则显示，2016年4月，银行结汇7448亿元人民币（等值1150亿美元），售汇8982亿元人民币（等值1387亿美元），结售汇逆差1534亿元人民币（等值237亿美元），环比收窄35%。

2016年前4个月，中国除银行结售汇逆差逐月递减之外，跨境资金净流出也呈现逐月递减情况。这说明，所谓资本外流的情况正在不断放缓，这也为人民币贬值提供了极好的时间窗口。但需要强调的是：第一，此次人民币加大幅度的贬值基本是市场自然因素变动的结果，基本没有看到人为干预；第二，当下的平稳不等于未来可以保持平稳，所以中央银行和外汇局需要防微杜渐，而切不可有任何的懈怠与松弛。

令人感到些许欣慰的是：2016年2月26日周小川在G20上海财政、央行行长会议的记者见面会上明确指出：中国作为一个经济大国，更重要的还是考虑中国整个宏观经济的整体情况，不会过度基于外部经济或资本流动来制定我们的宏观经济体系。因此，我们继续实行稳健的货币政策。明眼人对这段话一定心领神会。实际上，它应当也包括了这样一层内涵:中国不会因为汇率变动或资本跨境流动,而被迫加息、减息,干扰国内的利率政策。但并非没有松动,比如周小川使用了"不会过度"的表述,那是不是意味着央行并未彻底放弃在"特殊情况下,用拉高利率的手段阻止人民币贬值"?也许,但千万不要"过度"。

人民币需要"有序贬值"

（2015 年 1 月 30 日）

人民币贬值需要控制，而绝不是失控般
的自由落体。

"更多地让市场供求关系去决定人民币汇率"的表述没
错，但没错的原因在"更多地"，而不是"彻底地"让市场
供求关系决定人民币汇率。我认为，所谓"人民币汇率市场
化改革"这一提法本身就是错误的。因为，它意味着人民币
汇改方向是彻底地让供求关系决定人民币汇率。

为什么"更多地"可以，"彻底地"不可以？因为，"更
多地"意味着为"有管理"留有空间。但是，我们看到一些
机构、一些"重要经济学家"在谈到汇改问题时，他们几乎
已经把"更多地"改为了"彻底地"。就像十八届三中全会
的报告中提到：使市场在资源配置中起决定性作用和更好发

挥政府作用。这句话实际讲的是"市场与政府"在资源配置方面的关系问题。严格地说，当市场处于正常状况时，应当让市场在资源配置中发挥决定性作用，但这时政府并非没有职责，而应当在市场公平的建设、监督等方面更好地发挥作用；另外，在市场失效的特殊情况下，政府应当更多地发挥其积极作用。这其实是非常清楚而常规的事情，但这一完整的表述，放到一些"重要经济学家"嘴里就变味儿了。他们断章取义，只说前半段，而不说后半段。

中国为什么总会出现极左极右、无度而为的情况？这与"重要经济学家"们同样喜欢极致化密切相关。一段时期以来，在汇改问题上，我们在犯着同样的错误。在我看来，我们正在掉进"华盛顿共识"的陷阱。其核心意义在于，在经济上确保全世界只有一个中心，那就是美国。换句话说，让所有国家都按照"华盛顿共识"规划的道路走，然后全世界就只会有一个强势货币——美元，全世界就只会有一个经济强国——美国。

在一些会议上，每当有人提出对人民币汇改不同的看法时，一定招致一帮"重要经济学家"的反对。他们最会说的话就是：这是大势所趋，你有什么办法吗？我认为，这是"混账话"！难道你们只会把中国引向灾难，而不会让中国绕开险滩？所以，中国现在最大的灾难就是"智囊"们的利益立场出现了问题，离开了"华盛顿共识"之下的一套理论已经不会思考问题了。他们所谓的"独立思考"也是在这样一套理论基础之上、无视中国经济现实的"非独立思考"。

我认为，人民币不宜采取自由浮动的汇率制度，或说"彻底依据市场供求关系决定汇率"。因为，对于人民币汇率，现在只有市场供求关系还在指向人民币升值的方向，而其他因素全部指向人民币贬值。我们已经多次重申，在加工贸易顺差刚性的作用下，"有效市场假说"实际无效。

"依据市场供求关系确定汇率"有一个"强烈的前提条件"，即"有效市场假说"。而"有效市场假说"的观点是：一切信息又将包含在市场交易的多空选择当中，都将反映在市场交易价格里。正因如此，如果顺差刚性一定被反映在交易价格中，那人民币是不是刚性升值？是不是会被过度高估？还有一个很严重的问题，如果我们承认"有效市场假说"，那么美元与人民币货币地位不平等的客观事实，是不是已经被包括在交易的结果当中？如果被包括，那当下的人民币汇率是不是已经被严重扭曲？

因此我们必须看到，依据"有效市场假说"所获得的价格信号绝不能正确地反映中国经济的基本面，更不能正确地反映中国经济的基本需求。既然如此，我们为什么要按照现在的方向推进人民币汇制改革？到底是改革为经济服务，还是经济为改革服务？这难道不是一个原则问题吗？

我们必须放弃"有效市场假说"对人民币汇改的误导，而回归汇率决定的基本理论。第一，汇率需要反映中国经济基本面情况,如果中国经济下行压力在不断加大,那人民币就没有升值的理由;第二,我们必须重视利率平价理论,当中国的市场利率只有下降空间,而绝无继续上升理由的时候,人民币就没有进一步升值的理由;第三,我们必须重视购买力平价理论,当同等品质的商品,在美国、在欧洲、在外国购买都比中国便宜的时候,人民币就没有理由升值。

除上述三条之外,第四条才是市场供求。但是,基于全球经济一体化的现实,基于全球产业分工已经完成的现实,基于加工贸易为中国提供了刚性顺差的现实,我们在这方面的考量必须减弱,而不能依赖,更不能变成唯一的考量因素。

鉴于上述四点,人民币汇率进一步升值的理由已经十分微弱。所以,为中国经济健康发展计,2015 年,央行有义务引导人民币有序贬值,而不是双向波动,更不是单向升值。这一点,与减低企业融资成本相辅相成。

但我们也必须指出:人民币贬值需要控制,而绝不是失控般的自由落体。现在,就有人在存心使坏。你不是不升值吗?那好,就逼你"自由落体"。让所有贬值过程中可能出现,但有序、长期缓和贬值过程中完全不是问题的问题,一瞬间就全部暴露无遗,给你制造危机。所以,我们必须注意处理金融问题过程中的时间和幅度的关系问题,长期、缓慢的贬值过程,所有负面问题都可以随着时间的推移而获得解决，但如果一瞬间、大幅度贬值，那所有问题都将没有时间解决，而发生危机。

可以肯定地讲，人民币需要贬值，但绝对要防止瞬间的大幅贬值。

人民币汇率找不到均衡点

（2013 年 5 月 8 日）

> 如果中国单独试图用人民币汇率升值的
> 办法找到"贸易均衡点"，不仅白费，
> 而且会对中国经济造成严重伤害。

　　全球经济一体化以及全球产业分工完成之后，整个世界的贸易平衡被打破了。要想恢复平衡可以，但必须全球各主要经济体一起发力，必须是发达国家充分放开市场，取消出口限制。但这几乎是与虎谋皮的事。原因一，美国可以对外出口的商品，其生产已经转移到世界各地成本更低的国家或地区去生产了，而不能转移的商品生产，也是不能随便出口的商品；原因二，就因为不平衡，就因为美国可以买我们的东西而我们买不到它的东西，所以美国才可以占便宜，才可以获得巨额"铸币税"收益，这是美国绝不会放弃的利益，一旦美国与其他国家的贸易都平衡了，那美国"铸币税"收益就消失了。

所以，我们必须意识到，全球化产业分工不可能结束，中国的加工贸易会继续长期存在。如果中国单独试图用人民币汇率升值的办法找到"贸易均衡点"，不仅白费，而且会对中国经济造成严重伤害。

不要认为美国、欧洲、日本货币贬值是为了国际经济平衡，它们是为了自身的债务平衡，为了制造全球性通胀以"劫持"穷国。很遗憾，我们的中央银行不相信这些，他们坚持"过时的理论"。而伴随着这样的坚持，中国经济正在从虚弱走向更虚弱，从"一枝独秀"走向"复苏艰难"。

我手里有一张图（图1），这是2005年中国启动人民币汇率市场化改革之后，截至2012年年初的人民币兑美元名义汇率走势与贸易顺差的走势图。我们先看②线，这是人民币兑美元的走势，一路刚性升值，根本谈不上"有升有贬"或"双向波动"，而中央银行却把单日或极短时间的升值与贬值称为"双向波动"，这明显是"自欺欺人"。

图中的①线显示的是"加工贸易顺差"。我们看到的事实是：除了2010年，由于发达经济体需求极度疲弱，尤其是欧债危机的"闹腾"使得当年顺差有所减少以外，其他时间，无论人民币如何升值，加工贸易顺差刚性上涨。

图中的③线显示的是"一般贸易顺差"。我们看到的事实是：当人民币升值到一定程度之后，一般贸易顺差从 2009 年开始一路下跌，而且在 2011 年出现逆差。

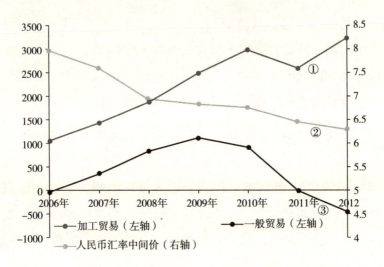

图1　2006—2012 年人民币兑美元名义汇率与贸易顺差走势

　　这张图说明什么问题？第一，人民币升值丝毫不影响加工贸易顺差。为什么会这样？因为加工贸易"两头儿"在外，原材料进口—加工生产—产成品出口，在这个过程中，人民币升值可以推高出口价格不假，但这只是理论上的说法，而实际过程中，并没有推高加工商品出口价格。为什么？因为人民币升值同时压低了进口价格，外商为了压低出口价格，在与加工企业进行价格谈判的时候，他们已经考虑到了人民币升值导致的进口价格便宜。所以，人民币升值并未使加工企业获得更高的加工费，而是该怎样还怎样，出口价格根本上不去。既然人民币升值没有对加工贸易出口价格构成影响，也就不会减少市场需求。所以，中国加工贸易的绝对量和所创造的顺差都没减少，增幅的变化则取决于发达国家的需求。

为什么一般贸易顺差会大幅减低？因为，一般贸易的所有原材料基本源自国内生产，进口占比极小。所以，人民币升值会刚性推高一般贸易商品价格，而不能通过进口便宜降低生产成本。

实际上，2005 年 7 月 21 日至今，人民币名义汇率升值幅度已达 32%，有效汇率升值幅度更达 40%；如果从 1994 年算起，人民币实际有效汇率已经升值了 70%。但看看中国今年前四个月的贸易数据，出口增长最快的依然是传统的七大类劳动密集型产品。这说明，无论人民币如何升值，发达国家对中国此类商品的进口依赖刚性存在。

那么，我们找得到人民币汇率的"均衡点"吗？一些人以金融危机、发达国家消费需求极度萎缩时中国出现的短暂的"贸易均衡"去佐证人民币升值的作用。这不又是一种自欺欺人的做法？为什么要这样？为什么非要用中国经济的巨大代价去证明一个"伪命题"？到底是中国经济的健康重要，还是找到人民币汇率的"均衡点"重要？

我们看到的事实是：印度降息，澳大利亚降息。今天有报道说：澳大利亚"意外"降息。真奇怪，我看只有中国的学者才会感到意外，而稍有国际经济常识的人都会认为再正常不过了。我还看到报道说，中国利率走势两头儿为难，认为降息会妨碍房价调控政策。我认为，这样的说法过于"白痴"。房地产市场仅仅是宏观经济的一部分，调控它本应采取结构性政策，怎么我们总是要用总量性政策，去控制结构性问题？

货币供应量"疯了"？

(2015 年 2 月 16 日)

过去很长一段时间，中国"金融空转"越发严重，大量资金在金融自体循环，而并未投向实体经济。

央行公布的 1 月末货币数据显示，广义货币（M2）余额同比增长 10.8%，增速分别比上月末和去年同期低 1.4 和 2.4 个百分点；狭义货币（M1）余额同比增长 10.6%，增速分别比上月末和去年同期高 7.2 和 9.4 个百分点；流通中货币（M0）余额同比下降 17.6%。

说实话，这样剧烈变化的货币数据历史少有，难得一见。当然，也许是我孤陋寡闻。这是货币统计数据调整带来的变化还是另有隐情？恐怕只有央行能给出清晰的解释。不过，在我看来，这样的数据给人以"抽风"的感觉。为什么在流通中的货币（M0）同比下降17.6%的情况下，M1会同比增长9.4个百分点？这当然说明M1当中的活期存款暴涨。

那为什么金融机构活期存款暴涨？原因可能很多：第一，各企事业单位发放年终奖等现金，大都通过直接划入个人银行卡，而转变成活期存款；第二，1月贷款增长较快，企业获得贷款后，尚未来得及合理布局存款，而都以活期存款形态"趴"在企业银行账户当中；第三，股市好转后暂时调整，这使得大量银行储蓄转化为证券投资保证金的同时，卖出股票的钱还没有进行新的投资；第四，企业直接融资的资本尚未使用，而转化为银行活期存款。

是这样吗？不知道。因为银行公布数据，根本不涉及活期定期的分项数据。但我们从社会融资数据看，当月对实体经济发放的人民币贷款占同期社会融资规模增量的71.7%，同比高20.8个百分点；而银行贷款总量同比增加13.9%。这确实可能导致活期存款大幅增加。因为，2月进入春节前的"浮躁期"，工程进度安排减缓，相应的资金需求也会减少。拿到的贷款暂时不用，也没必要因为这半月的闲置而理财，所以活期存款增加。

从存款数据看，住户存款增加4830亿元，非金融企业存款增加3037亿元，财政性存款增加7000亿元，非银行业金融机构存款增加2170亿元。其中，增加最多的是财政存款。特别需要提示的是，自2015年1月1日起，非银行金融机构在银行的各项存款也被纳入 M2 统计，但这 2170 亿元显然不是活期存款，因为货币存款收益极低，而这部分存款大都为短期定存。

值得指出的是，过去一年半的时间里，M1 的增长率不断减低，拉大了与 M2 的距离。这说明，中国银行系统的流动性也在同步减低。为什么出现这样的情况？这与互联网货币市场基金爆发式膨胀有关。互联网货币市场基金做的事情，就是把银行活期存款吸引出来，然后变成同业定期存款，这就使银行系统活期存款增幅大减；同时，各种支付手段的出现，也使得老百姓手中现金大减，相应地，M1 增幅大减也在情理之中。

但为什么 M0 缩减幅度居然高达 17.6%？这是不是太吓人了？是不是央行回笼现金？显然不是。因为数据显示，1 月央行净投放现金 2178 亿元。那是什么导致 M0 如此幅度地缩减？或许是春节，老百姓把家中结余的现金存入银行卡的结果。尤其是进城打工族，平时发的工资和加班费等现金一直放在家中，现在该回家了，现金携带不方便，存入银行卡带回家去支付用度，可能这部分需求今年比较大。

当然，经济界人士关心的还是 M2。其 10.8% 的增幅出乎市场预料，创五年来的新低。市场担心，这个数据是不是已经确认了中国当下处于"通缩"状态？其实用不着怀疑，中国"通缩"早已是铁定的事实。PPI 连续 35 个月负增长，而且不断扩大，这不是"通缩"是什么？那为什么 CPI 没有随之进入负增长状态？那是因为食品价格上涨所致。而食品价格上涨反映的不是货币问题，而是农业生产成本问题。

更重要的是，过去很长一段时间，中国"金融空转"越发严重，大量资金在金融自体循环，而并未投向实体经济。但这笔钱从央行的统计数据中看不出来，包括现在，新增贷款当然都是贷给企业，但谁能保证这笔钱没被用于放高利贷或变成高利率的理财产品？说不清楚。正因为金融混乱，所以实体经济资金短缺，而央行还没意识到。它能看到的是，银行系统流动性足够。但正是这个虚假的"足够"，压抑中国经济长期处于收缩状态，乃至于今天"通缩"加剧。

我不知道央行看到这些乱七八糟的货币数据做何感想，又作何解释。但我希望它能给出解释，更希望它能明确地告诉我们，它想怎么办。

服务贸易逆差说明人民币高估

（2015 年 2 月 4 日）

> 利率下行压力、经济下行压力、人民币
> 高估这些提法相辅相成。

在刚刚公布的中国国际收支平衡表上我们看到，2014年，中国服务贸易逆差扩大。最大的三项逆差是旅游逆差6978 亿元人民币、运输逆差 3557 亿元人民币和保险服务逆差1098 亿元人民币。

我认为，中国服务贸易逆差意味着人民币高估。为什么？试想，中国人为什么喜欢出国旅游？因为公众认为，出国旅游甚至比境内旅游还便宜。比如，我的朋友非常喜欢一些洋品牌的衣服，在国内看好了，但并不在国内购买，而是申请境外旅游。我问他为什么这样做，他给我算账。算账的结果是境内外购买这些衣服的差价差不多就是旅游费用。这岂不是一举两得，十分合算。

同样，去看看旅行社的报价。如果我们除去机票费用，其他费用看看谁贵？而机票贵通常是因为旅行线路比较长，如果计算单位里程的价格，你看看境内航线和境外航线谁便宜？你看看境内航空公司和境外航空公司谁便宜？这样的市场行情，当然是人民币高估的直接后果。

运输服务出现逆差意味着什么？它意味着，中国货物贸易租用国外运输公司的船要比租用中国运输公司的船便宜。所以，国内企业，尤其是国外独资、合资公司无论是进口还是出口，都不愿意使用国内运输企业的船舶。这也是中国远洋运输业这几年严重亏损的重要原因，而背后实际是人民币升值过度，币值高估。为什么学界一般认为，本币长时间高估对一个国家经济是致命打击，这就是道理。

再说保险服务的逆差。这方面的逆差由来已久，却是因为国内保险公司的服务远不及境外保险公司。所以，没什么好说的。但保费逆差的扩大，应当与中国运输服务逆差扩大密切相关。如果中国货物贸易更多的是采用外国公司的船舶，那保险服务一定是逆差，因为无论是语言还是文化，外国公司必然更喜欢、更习惯本土保险公司的服务。

所以，无论如何我们都可以从各个方面找到人民币高估的影子。

有人会问，你为什么不用传统的货物贸易"失衡"去平价人民币汇率？因为，加工贸易顺差刚性和不受人民币升值影响，已经异化了传统平价方式。这是全球经济一体化和全球产业分工完成之后，全球贸易失衡的体现，更非单方面汇率变化所能解决的问题。不是吗？当人民币兑美元升值近40%之后，我们看到的事实是：中国贸易逆差的绝对额不是减少，而是稳定增长。

其实，人民币高估还可以通过一个数据予以显示，就是去年第四季度中国资本和金融项目大幅逆差。国家外汇局给出的数据显示：2014年第四季度，中国经常项目顺差3751亿元人民币，资本和金融项目（含净误差与遗漏，下同）逆差5595亿元人民币，国际储备资产减少1844亿元人民币。

我认为，大幅资本和金融项目逆差既是人民币贬值的原因，也是人民币已经出现贬值预期的必然结果。为什么国际游资会出现人民币贬值预期？我们可以说是利率下行预期的结果，也可以说是经济预期不良的结果，但核心、根本原因是什么？当然是人民币高估。没有高估哪有贬值预期？没有经济不良预期哪来的利率下行预期？其实，利率下行压力、经济下行压力、人民币高估这些提法相辅相成。

所以，我们至少没有理由认为人民币应当继续升值，至于会贬值到什么程度，也不必有过高的期盼。我认为，用不着猜价格，稳步、小幅、有序的贬值趋势才是最重要的。

人民币高估之祸

（2015 年 11 月 9 日）

2010 年之后实际实施紧缩货币政策，
使得人民币名义和实际汇率都在大幅升
值，于是中国变成了全球财富再分配过
程中的弱者。

我们一定要记住两件事：第一，在开放条件下，本币升值与国内货币条件偏紧、本币贬值与国内货币条件宽松这是一枚硬币的两个面，是一回事；第二，在开放条件下，弱势货币国家（非硬通货国家）货币条件是松是紧，不仅要和本国历史货币数据做比较，同时还要和强势货币国家（硬通货国家）的现实货币条件相比较。

什么意思？对于第一条，我们不妨去看看当下的发达国家，当美联储宣布大规模量化宽松货币之时，美元汇率是如何表现？毫无疑问，市场立即预期美元贬值。同样，当美联储忽悠市场要加息之时，美元升值预期变得十分强烈。这个事实已经充分说明，国内货币条件的宽松（紧缩）与本币汇率的升值（贬值）实际是一回事，是一枚硬币的两个面，是密不可分的整体。

对于第二条，我们依然用事实说话。美联储大规模量化宽松货币之后，几乎所有自认为本币强度弱于美元的发达国家，全部跟随美元大力度量化宽松。为什么？因为美元作为全世界强度最高的货币，如果它大搞通货膨胀而其他国家不跟随，那这个世界必定发生"强势货币国家劫持弱势货币国家"的财富再分配效应。过去 7 年的情况恰恰如此，美元贬值并未从汇率上表达出来，原因很简单，那是因为美元指数中所有成分货币（篮子货币）国家全都在搞大规模量化宽松货币，你贬我也贬，所以看不出汇率有太大的变化。

可见，在大国当中，唯有中国国内货币政策放而复收，尤其是 2010 年之后实际实施紧缩货币政策，使得人民币名义和实际汇率都在大幅升值，于是中国变成了全球财富再分配过程中的弱者。严重的问题是，我们的货币当局是否看到这样的事实？是否承认这样的事实？是否依然坚持放宽汇率管制就可以获得独立的货币政策？我认为，至少现在他们还在犹豫。

实际上，无论与自身过去相比、还是与硬通货国家相比，中国的货币条件都是紧的，而且不是偏紧，是很紧。它必然导致一个严重的后果：中国实体经济生存环境不断恶化，而硬通货国家实体经济生存环境不断优化，反差之下，中国实业资本开始逃逸。在此条件下，如果中国的"新兴产业"不能快速成长，对冲甚至超越传统产业消亡速度，那中国经济的下行压力必然巨大。还有一个更严重的问题：在紧缩的货币条件下，新兴产业是否可以快速发育、快速成长？我看不行。为什么？因为，新兴产业的培育必须依托活跃而进取的股权融资，依托股票市场提供"不计其数的股权资本"，但在紧缩条件下，股票市场这样的市况会出现吗？

股票市场不行，债务市场是否可以有效支撑创新？如果这样做，那金融坏账、银行坏账必定爆发式增长，直至金融危机发生。问题是，我们过去很长一段时间恰恰如此，以至于中国经济当下举步维艰。所以，从某种意义上讲，今天中国经济的下行压力很可能是"财富被分配"的结果。

10月的外贸数据出来了。情况不奇怪，关键是，当我每每看到进口数据的时候，心情总是不好。因为，两位数的降幅已经持续很久了。如果说出口下降是外需疲弱的话，那进口数据更大的降幅是否预示着内需存在更大的困难？这其实才是我更大的担忧。为什么内需如此困难？这与中国货币条件长期偏紧是否相关？当然是，至少我是这样看问题。因为，紧缩货币的直接后果就是抑制内需。

还有很大的问题。我认为，人民币已经长时间处于高估状态。但按照目前的汇率形成机制，大规模的贸易顺差势必会"封杀"人民币贬值空间。海关总署刚刚公布的数据显示：中国前 10 个月，贸易顺差 2.99 万亿元，扩大 75.3%；而 10 月当月，贸易顺差 3932.2 亿元，扩大 40.2%。一方面是中国经济疲弱需要宽松货币，人民币贬值；另一方面是贸易顺差加大，逼迫人民币升值，紧缩货币。这是不是一件大麻烦事？

这样的情况，过去 5 年之间我们反复提及，也无数次预警。我认为，中国需要重新考虑人民币汇率形成机制问题，或强力推动贸易进出口数据的计算方式，剔除加工贸易顺差。但到目前为止，似乎并无多大进展。在我看，这是中国经济的"死穴"。

让人民币回归理性

货币适度宽松，引导人民币适度贬值，同时配以关税政策，减少加工贸易，扶植一般贸易，这才是可能达成中国国际收支平衡，同时又把利益更多留给中国的有效政策。

中国的高利率吸引了大量国际"热钱"，国际热钱大量流入推高人民币币值；利差汇差套利轻轻松松，将使得更多热钱流入中国，逼迫央行投放货币；央行回笼货币挺住利率，利差汇差保持，然后热钱再套利。这样的恶性循环导致大量后果：其一，利率高，人民币高估打压中国经济内需；其二，国内实体经济承负越来越高的融资成本，生产越发疲弱；其三，在实体经济走向疲弱的前提下，金融风险越来越大；其四，资本市场资金大量逃往货币市场套利，中国经济空心化加剧；第五，外国人针对中国实施跨境套利要比国人赚钱容易得多。

这当然是中央银行长期实施错误货币政策的结果，现在他们是不是开始纠正了？最近市场的变化告诉我们，伴随着货币市场利率走低，人民币刚性升值的情况发生了很大转变。不过，央行会不会通过大量收购外汇去实现人民币贬值？现在应当这样，但未来收购外汇的数量将会减少。

实际上，上述恶性循环政策之下，中国央行并没有少买外汇，去年外汇储备大涨超过5000亿美元。这就是说，央行越希望通过升值达到国际收支平衡，反而越加大了失衡。为什么？因为，高利率及其对应的人民币升值，为国际套利资本提供了极其稳定的收益，于是它们藏在各路合法名目当中大量涌入中国。我们可以肯定地说，中央银行运用汇率均衡理论，试图通过人民币升值达成国际收支平衡的努力是失败的。

从这层意义上讲，如果央行要是有意消除境内外利差，而引导人民币贬值，那央行购买外汇的压力反而可能减小。因为它将结束人民币无风险套利的时代，减少热钱涌入，反而可能使贸易和外资数据更加真实，从而减少央行购汇压力。当然，肯定有人会说，人民币贬值会刺激出口，出口增加是不是加大顺差，加大央行购汇压力？理论上可以做出这样的判断。但是，我们完全可以通过提高出口关税，尤其是提高加工贸易出口关税的办法抑制出口增长。

现在没有看到关税的动作呀？别急，动关税需要更加审慎。政府必须等待确认人民币贬值已经引发出口大涨。

外国人不是认为我们"倾销"吗？中国不是希望经济增长摆脱外需依赖而更多依靠内需吗？所以，通过关税调节，恰好可以同时满足两者。所以我一直认为，货币适度宽松，引导人民币适度贬值，同时配以关税政策，减少加工贸易，扶植一般贸易，这才是可能达成中国国际收支平衡，同时又把利益更多留给中国的有效政策。

这里必须注重"适度"。对"热钱"撤出中国的速度加以控制，同时注意资产价格方面的动向。比如房地产，其价格呈现缓慢下跌趋势是应当容忍的，但绝不能允许它出现突然暴跌的情况。

现在的市况是不是预示着央行认错？非要追究央行责任意义不大。但如果它预示着中国货币政策转向，那对投资者的意义可是非同小可。因为，它是和过去相反的、"锁短放长"的货币政策，是引导货币市场资金回流资本市场的重要决策。

是不是这样？不敢肯定，还需要进一步观察。但这一点，对于股票市场投资者而言，则是特别值得关注的事情。

第四章

货币政策要紧还是松

保持政策的连续性和稳定性，继续实施稳健的货币政策，保持灵活适度，适时预调微调，增强针对性和有效性，做好供给侧结构性改革中的总需求管理，为结构性改革营造中性适度的货币金融环境，促进经济科学发展、可持续发展。

什么是货币政策的"不松不紧"?

(2017 年 2 月 16 日)

中性货币政策应当是被动性货币政策，其核心要义是"被动跟随积极财政政策的需求"。

赢得资本才有经济未来。企业如此，国家同样如此，这是真理，是被人类经济历史多次证明的真理。

我认为，当今世界正处于"经济大转向时代"，在发达国家恢复实体经济的背景下，定位未来的经济优势当然是各国政府、企业都必须重新考虑的问题，中国也不例外。毫无疑问，经济的未来从投资开始，尤其是股权投资，更是面向创新、面向未来的关键性投资，谁赢得更多的股权资本，说明谁的经济前景更加光明，也更容易占到先机，反之则前途暗淡。

　　股权资本来源于两个方面：其一是国内，其二是国际。中国要赢得经济未来，必须从这两个方面同时发力，而重中之重在于：为中国实体经济营造良好的"经营环境"，不只是"政策公平"，更重要的是"利润预期"。那中国是否具备这样的优势？从总体情况看，我们不敢盲目乐观。从国内看，民间投资连续6年增速放缓，更从2015年第四季度开始"断崖式下跌"；从国际看，商务部数据显示，今年1月中国外商投资增长幅度为 – 9.2%。这已经不是第一次负增长，2016年全年中国实际利用外资增速也仅有4.1%，远远低于过去动辄两位数的增长。

　　尽管今年1月外商投资负增长有"春节"等客观原因，但两个事实我们不能忽视。第一，"特朗普变革"给中国外商投资带来的冲击；第二，中国金融环境恶化给实体经济带来的冲击。

　　先说"特朗普变革"带来的冲击。我们说，特朗普出任美国总统之后，正在实施一个所谓的"资本通吃计划"，不仅要把全世界最好的实业资本拉回美国本土，而且还要金融资本更多地回流美国本土。为此，美国经济政策正在寻找平衡，耶伦和特朗普的"双簧戏"即将上演，而这个过程中，极其稀缺的产业资本、股权资本和长期金融资本必然成为全世界争夺的焦点，除非这些稀缺的资本可以快速扩张，否则争夺的剧烈程度必然创出历史纪录，这当然会冲击中国的外商投资。所以，中国政府绝不能掉以轻心，商务部可以解释，但绝不能"不作为",更不能"给不作为找借口"而忽视外商投资下降的真正原因。

再说"国内金融环境恶化"的冲击。金融市场化、自由化正在严重冲击中国国内实体经济的生存环境。现在的情况是,从老百姓生活剩余资金到实体经济融资,这之间的交易链条越来越长,其间的套利交易工具越发丰富,而更多的资金被陷在了金融空转的沼泽当中,实体经济尤其是民营经济——中国经济主动性、内生性增长动力——关键性的金融需求得不到满足。尽管中央下了很大的力气治理融资难、融资贵问题,但因为金融机制异化,所以成效甚微,甚至还有持续发酵风险。

不仅如此,中国金融环境恶化还有货币政策"表面中性、实际紧缩"的问题。我认为,中性货币政策应当是被动性货币政策,其核心要义是"被动跟随积极财政政策的需求"。财政政策需求10,货币政策就必须满足10;需要20就必须满足20。但如果积极财政政策需要20,而货币政策主动坚持10为中性,那不是中性,而是紧缩。所以,易纲先生所说的"不松不紧"到底是什么含义?如果他是针对广义货币供应量(M2)增速的稳定,那就麻烦了。因为,积极财政政策对货币的需求是上升的,如果货币当局不予满足,那一定会出现积极财政政策挤占民间金融资源的问题。不仅会弱化积极财政政策的效果,而且会进一步压制中国经济内生性增长动力。实际上,2010年之后,我们已经看到这样的情况。

因此，恳请中央银行重新考虑货币政策"稳健中性"的真实意义，真正让货币政策效果覆盖全部经济需求，而万万不要"表面中性、实际紧缩"，那会进一步刺激中国经济杠杆上升，构建更大的经济风险。

货币政策大考

(2013 年 5 月 15 日)

发达国家政府加入中国外汇供给的大军，尤其是在发达国家货币条件极度宽松的情况下，无论中国央行构建多大的"货币池子"，这样的做法都会"淹死中国"。

---

5 月 13 日，日本财务大臣安住淳宣布，经中国相关部门许可，日本获准最多可购入 650 亿元中国国债。国内媒体评论说，这是日本第一次获准购买中国国债，也是发达国家首次将人民币作为外汇储备。这说明，人民币国际化进一步推进。字里行间充满骄傲。

说实话，我不敢苟同上述观点。

最近，中国央行又开始启用 3 月期央票发行了。这说明，央行的政策工具期现正在变长，而其背后的含义可能是国际投机资本——"热钱"流入中国的速度正在提高。这显然不正常。最近被热炒的"克强指数"显示，中国经济非常疲弱，实体经济和就业都发生严重的困难。这些都牵动着中央最高领导者的关切，习近平主席专门针对就业问题展开调查，而此前，李克强总理也对实体经济困境专门举办座谈会。

让我深感愤然的是：那些大叫中国出现"刘易斯拐点"①的经济学家，你们是不是该站出来承认错误？我们一直以为，中国现阶段根本不存在"刘易斯拐点"，城市"用工荒"完全是成本不断上升、需求不断下降造成的问题。企业生产成本不断上涨，终端需求不足且被货币政策压抑，从而导致两个结果：其一，成本推动的物价上涨，推高城市生活成本，这必然导致劳动力需要更高的收入；其二，企业生产成本上涨，终端需求不足严重压缩企业利润，无法为劳动力提供足够的收入。

这是一对"矛盾"，一对在现行政策之下"无解的矛盾"，是现行政策之下必然出现的、经济恶性循环的表现之一，而根本不是什么"刘易斯拐点"。我们多次重申，中国经济现在的核心问题是真正解决货币政策的"前瞻性和灵活性"问题，这关系到货币政策的"正确性"问题。要做到

---

① 即劳动力过剩向短缺的转折点，是指在工业化进程中，随着农村富余劳动力向非农产业的逐步转移，农村富余劳动力逐渐减少，最终达到瓶颈状态。

"正确性"，我们必须首先解决一个重要的认识问题：在开放条件下，中国货币的松紧具有不可忽视的相对性。两个方面：其一，货币收紧条件要与自身的过往状况相比较；其二，货币松紧条件要与境外尤其是储备货币国家的货币条件的松紧相比较。

我们过去有点"只知其一，不知其二"，只盯着中国货币条件和国内过往情况相比，是松还是紧。而对于强大的外部干扰或是不以为然，或是无能为力。

其实，更大的陷阱正在我们身边布局。5月14日，G7会议结束之后，日本居然带头提出将增加人民币在其外汇储备当中的比重。这简直是巨大的"笑话"，这实际是说，发达国家政府将加入中国外汇供给的大军，尤其是在发达国家货币条件极度宽松的情况下，无论中国央行构建多大的"货币池子"，这样的做法都会"淹死中国"。同时，无论各国政府购买量多大，都会极大地激励"国际套利资本"进入中国的信心。我们无论如何要想办法应对这一重大行动，因为它会导致人民币"超乎寻常地快速升值"，而当中国经济垮掉之后，这是一笔巨大的"做空人民币"的力量。

原理大致如下：发达国家持有人民币，意味着人民币货币供应量需要相应增加，必然引起人民币 M2 增速加快；中国今年给定13%的 M2 增速，所以央行不能无视 M2 的快速增长，势必出手压制。结果是人民币外部需求挤压内部需求，使得中国表面上看货币供应量挺大，M2 增速挺高，但国内企业体会到的是货币条件趋紧。进一步分析，这会迫使人民币继续大幅升值，而国内企业加速走弱。更重要的是，中国货币政策将更为有效地被发达国家控制。

所以短期的应对策略是：我们现在必须放弃 13% 的 M2 控制目标，让 M2 的增长迅速适应国内外经济形势的变化。最核心的问题是，考虑境外人民币需求，使货币政策真正保持中性，坚决捍卫中国实体经济的健康。而长远之策，我们必须尽快研究。

这只是前兆，安住淳已经说了：考虑到日本在外汇资产运用方面的各种情况，一开始小额购入中国国债比较合适。这就是说，未来有可能的话，日本会加大中国债券购买力度。如果日本敢进，其他发达国家呢？是不是会导致发达国家政府围攻人民币？问题过于重大，希望中央高层重视事态的快速发展。

（此文曾以文章名《日本买中国国债是在挖坑》原载《中国经济周刊》2013 年第 19 期，作者有改动）

货币政策方向正确？

(2016 年 5 月 4 日)

> 我们一直呼吁货币政策必须要与积极财
> 政政策相配合，而现在货币政策的表现
> 恰恰就是在配合积极财政政策。

央行昨日公布，从 2016 年 5 月起，在每月月初对国家开发银行、中国农业发展银行、中国进出口银行发放上月特定投向贷款对应的抵押补充贷款，金额共约 1.4 万亿元。同时，央行昨日公布的信息显示，4 月当月，央行综合运用多种货币政策工具，保持银行体系流动性的合理充裕。其中，中期借贷便利（MLF）成为 4 月央行最倚重的定向货币政策工具。2016 年 4 月，央行对金融机构开展 MLF 操作共 7150 亿元，其中 3 月期 MLF 为 3115 亿元，6 月期 MLF 为 4035 亿元，利率分别为 2.75% 和 2.85%。同时，收回到期 MLF 量为 5510

亿元。而净投放 1640 亿元。其实我们还注意到，央行公开市场操作过程中，有意通过中期流动性便利释放较为稳定的资金，而减少短期的逆回购操作，这实际是锁短放长的操作，有助于银行流动性的期限配置，减少了错配风险。

我认为，这是正确的货币操作，而绝非一些人描述的"大规模放水""直升机撒钱"。我们一直呼吁货币政策必须要与积极财政政策相配合，而现在货币政策的表现恰恰就是在配合积极财政政策。不是吗？积极财政政策在建设方面的具体体现不正是棚户区改造项目、重大水利设施项目以及鼓励企业"走出去"项目等吗？那中央银行通过政策性银行向这些方面提供"抵押贷款"支持有什么问题吗？这绝非"肆意放水"，而是结构性货币政策的具体体现。况且，这个制度安排有目标、有节奏、有底线，按照工程进度逐月拨放，这与美欧日无底线、无目标地货币"注水"，甚至负利率"注水"截然不同。

这是基本的道理。所以，那些刻意将中国定向宽松、配合积极财政政策的货币宽松与欧美日进行类比，要么是哗众取宠，要么是居心叵测，至少我们可以认为他们的言论"存在离间之嫌"。他们不说钱去哪儿了，也不说该不该去，而只是一味地宣扬"大肆注水""直升机撒钱"引发通胀而殃及百姓，这是不是有点太扯了？不错，过去政策性银行基本通过发债融资。发债属于市场融资，它不涉及央行基础货币投放，但现在改用央行直接投放贷款，这是不是有问题？

我认为没问题。第一，钱进入封闭的建设系统，而绝非漫无目的的"直升机撒钱"，拉动的是部分过剩商品的需求，根本不会对消费物价构成影响；第二，拿钱投向棚户区改造和重大水利设施是利民行动还是害民行动？这根本用不着讨论。第三，中国货币政策宽松一点是中国经济基本面的"确定性需要"，而中国拒绝大范围、普遍宽松，改用定向宽松、封闭运行，这对货币政策制定与执行者而言，本身就是一个非常了不起的创举。第四，这样的措施只是针对积极财政政策配合，而拒绝引发全社会无度的货币需求，这样做非常明智。

正因为经济舆论不是一般的舆论，它会左右市场预期，决定市场走向，所以我们一直呼吁：必须高度关注经济舆论的立场，关注经济舆论背后的利益。对于投资者和公众而言，我们也要学会看问题看本质，否则妖言惑众，我们就是最大的受害者。

中国经济正处在关键时期，大量的数据表明，前期中央政府的努力刚刚开始发挥作用。之所以见效如此缓慢，就是因为积极财政政策一次次被紧缩货币废掉，所以现在"政策的边际效应递减"。因此，有这样的成果来之不易，我们是不是还要再次"废掉"它？其实，我们已经论述过了"美国再次要求中国升值人民币的险恶用心"，而我们的观点是：别再让汇率搅局中国经济。实际是说，不要让货币政策重新紧缩，那中国经济将承受更大的下行压力。当中国财力被耗尽之后，做空人民币、做空中国必定成为国际金融大鳄的又一成功案例。

所以，中国必须顶住压力。这时候的任何让步都将是中国经济、中国人民的灾难，我绝不愿意看到。

货币政策错在哪儿

（2012 年 11 月 19 日）

> 中国央行的函数只是一个条件极其严苛
> 的理论公式，而根本谈不上去完整地描
> 述现实经济。

央行行长周小川解释过去 10 年货币政策的复杂性和正确性，尽管也做出了一些检讨式的说明，但总体看，他迄今也没有真正搞明白货币政策为什么引起了全社会的不满，央行到底错在哪儿了。

我们分时期看一下。我认为，第一，2002 年到 2007 年美国发生金融危机之前，中国的经济过热是假象，是因为美国在"次贷"的刺激下，大量原本没有消费能力的人，消费能力剧增，从而增加了对中国一般性消费品的进口需求。那时的投资增长极快，是因为出口的拉动。企业面对大量出口订单，不得不加大投资，扩大产能。

为什么要回顾这件事？这说明，当时中国的经济过热是"被动的"，是因为美国消费过热形成的。这样的过热与"主动性"经济过热有着本质的区别。"主动性过热"可以通过紧缩货币达到抑制需求的目的，但对"被动性过热"毫无意义，反而加速了资金与出口商品的周转速度，加剧中国商品出口竞争，压低出口价格，这也是美国2000年之后不断放大货币发行，却不发生通胀的根本原因。

当时中国确实发生了货币供应高速增长的情况，那也不是主动的增长，而是美国消费过热，通过中国间接拉高国际市场原材料价格，中国资源进口价格不断上涨，企业流转贷款需求量增加，而倒逼央行多发货币的结果。正如中国宏观经济研究会王健所说：这时候的货币多发是物价上涨的结果，而不是原因。所以，紧缩货币只能导致错误的结果。

这个错误的结果就体现在：中国内需经济受到严厉压制。因为，中国紧缩货币只能抑制内需，而无法抑制外需。不是吗？当美国金融危机发生时，美国人消费骤然停滞，中国经济增速断崖式"跳水"。这就逼迫政府不得不启动4万亿元人民币刺激计划，刺激的是什么？是内需。稍微懂一点数学，我们就明白，这4万亿元其实就是过去紧缩货币紧掉的内需。

第二，危机发生之初，大多数金融官员和经济学家都没有意识到这场危机的严重性，就连危机的性质也没搞清楚。

不是吗？回顾当时，2008 年 3 月，危机已经十分严重的时候，中国还在继续紧缩货币，等到宏观经济数据已经出现大问题，才开始突然间大掉头。而 2009 年第三季度到 2010 年第二季度，危机看似稍有缓解，甚至把发达国家回补库存而引发的中国出口增长视为危机已经过去的先兆，立即退出刺激政策。

更要命的是，退出不是从财政端退出，而是从货币端退出，执行积极财政政策和稳健货币政策。按周小川的解释，稳健货币政策是中性。我看，中国央行并不理解"货币中性"的真实内涵。我认为，中性货币政策指的是：不加油、不刹车，被动跟随财政政策的进退而进退，不紧缩、不扩张。但我们不是，我们是用紧缩的手段逼迫货币供应减速。

积极财政政策与紧缩货币政策相配的结果大家都看到了。政府项目吸干贷款，中小企业生死一线，高利贷危机丛生，国民经济主动性增长动力丧失殆尽，人民币不断升值。内需和外需一起萎缩，以至 4 万亿元强大的动力没电了，不得不开始新一轮刺激。

央行为什么总是超调？从周小川行长的讲话中我们不难发现，原来，中国央行不仅存在判断性错误，而且把货币政策这一"艺术问题"当成了"数学问题"。这是更加致命的错误。学数学的人都知道，一个函数中如果有 3 个变量，这个函数的关系就已经极其复杂了。如果不止 3 个，而是更多，这个函数只有在条件十分苛刻的前提下，才可能会有结果。

所以我坚信,中国央行的函数只是一个条件极其严苛的理论公式,而根本谈不上去完整地描述现实经济。尤其是加入了美国货币政策对中国的干扰,这个的函数一定是发散的,而不可能出现收敛的结果。

正是因为这样的"偏好算术""无视艺术",所以必然导致中国货币政策的另一缺陷,就是我们常说的:只管数,不管人。就是说,货币政策关注数据的高低较多,而关注市场心理调适较少。这就是这几年中国金融市场大起大落的重要原因,也是股市为什么变成今天这样的关键所在。

我认为,这样的货币政策"方式"必须结束。否则,不等"央行的函数收敛",中国经济已经危机了。我想再次重申我的认知:货币政策是艺术,而不是技术,是"得道者"积道之大成而后的善为。

货币政策——花哨

（2016 年 8 月 8 日）

中国是实体经济为本的国家，所以中国
金融改革当然要着力于"金融为实体经
济服务"方向。

---

8 月 3 日，周小川在 2016 年央行分支行行长座谈会上部署了下半年重点工作，在谈到货币政策时周小川指出：要继续实施稳健的货币政策，保持灵活适度，适时预调微调，增强政策的针对性和有效性。综合运用多种货币政策工具，保持流动性水平合理充裕，实现货币信贷及社会融资规模合理增长。改善和优化融资结构和信贷结构，降低社会融资成本。这是很有新意而且非常清晰的表述，但 8 月 6 日公布的二季度货币政策执行报告就变了。

表述变成：将继续实施稳健的货币政策，并保持灵活适度，适时预调微调，增强针对性和有效性，做好供给侧结构性改革中的总需求管理，为结构性改革营造中性适度的货币金融环境。更加注重改革创新，寓改革于调控之中，把货币政策调控与深化改革紧密结合起来，更充分地发挥市场在资源配置中的决定性作用。针对金融深化和创新发展，进一步完善调控模式，强化价格型调节和传导机制，疏通货币政策向实体经济的传导渠道，着力解决经济金融运行中的突出问题，提高金融运行效率和服务实体经济的能力。完善宏观审慎政策框架，牢牢守住不发生系统性金融风险的底线。

新的提法是：第一，"寓改革于调控之中，把货币政策调控与深化改革紧密结合起来"，目的是"更充分地发挥市场在资源配置中的决定性作用"。第二，"针对金融深化和创新发展，进一步完善调控模式"，目的是"强化价格型调节和传导机制，疏通货币政策向实体经济的传导渠道，着力解决经济金融运行中的突出问题，提高金融运行效率和服务实体经济的能力"。

问题在于，央行要把什么改革和货币政策调控结合？如何"更充分地发挥市场在资源配置中的决定性作用"？我认为，大量金融资源配置到"货币投机"方向，这对中国资本定价构成了严重影响。现在，央行只是从银行、债券市场角度看金融资源配置，这样看无效。因为，货币投机的资金最终也必须通过各个渠道进入实体经济，最终套取的也是实体经济利益。

　　所以，央行更应当站在全局的角度，去看货币投机对资本价格的影响。这恐怕才是有效解决"金融错配"的基础，才可以有效解决货币政策、利率政策传导不畅的问题。但是，央行用的言辞有些"花哨"，一定程度上没有认识到货币投机的危害性。这是大问题。在以后看来，货币投资属于"金融深化和创新发展"，所以才需要"进一步完善调控模式"，目的是"强化价格型调节和传导机制，疏通货币政策向实体经济的传导渠道，着力解决经济金融运行中的突出问题，提高金融运行效率和服务实体经济的能力"。我不敢苟同。

　　我认为，周小川强调的"改善和优化融资结构和信贷结构，降低社会融资成本"更加贴近中国的实际。许多人关注降准问题。我认为，中国金融问题不是数量问题，而是货币投机爆炸扭曲了中国金融结构，并因为结构畸变而扭曲了中国资本价格的问题。事实告诉我们，中国货币供应量不仅不少，而且偏多，但金融结构的扭曲使得中国市场资金"脱实向虚"，严重推高金融成本和资本价格。这才是最最核心的问题。

　　我倒是认为，中国央行如果能够真正把"寓改革于调控之中，把货币政策调控与深化改革紧密结合起来"，而将改革的重点放到"抑制货币投机和强化金融市场资本形成"方向，那就真不用降准、降息或继续宽松货币。我认为，这样的改革应当是必需的。因为，中国是实体经济为本的国家，所以中国金融改革当然要着力于"金融为实体经济服务"方向，而我们过去大规模地推进货币投机、金融空转，现在必须予以修正。

好吧。不管货币政策执行报告的表述是否有些"花哨"，也不管报告写作人出于怎样的心态，还是请周小川行长把好关，用"改善和优化融资结构和信贷结构"的办法去实现"降低社会融资成本"的目标，这样的提法和做法都是正确的。

货币政策——蹩脚

(2016 年 8 月 9 日)

尽管用"绳子"推高经济没多大用，
但你至少不能变成"拉绳子"

央行在二季度货币政策报告当中以专栏方式介绍了自己的资产负债表。它说：2014 年之前的较长一段时间里我国面临国际收支大额双顺差，央行一方面大量购汇，另一方面相应进行对冲。由此外汇储备（资产方）持续增加，并对应准备金以及央票（负债方）的相应增长。

2014 年下半年以来情况出现了反向变化。一方面负债方的准备金逐步下降，同时资产方的外汇储备也相应减少。这表明要保持资产负债表的平衡，必然要两边同时调，资产负债表一边动，另一边也必然会动。从资产负债表的视角看，降准意味着央行负债减少，平衡这种影响可有两种选择：一是增加其他负债,二是减少资产。

在目前的宏观环境下,通过增发央票、扩大现金投放等来扩大负债并不具有可操作性。降准引起的负债减少需要通过资产方的调整来平衡。若频繁降准会大量投放流动性,促使市场利率下行,加上其信号意义较强,容易强化对政策放松的预期,导致本币贬值压力加大,外汇储备下降。降准释放的流动性越多,本币贬值预期越强,就越是会促使投机者拿这些钱去买汇炒汇,由此形成循环。因此,需要关注政策工具运用中可能产生的资产负债表效应,密切关注内外部形势的发展变化,保持货币金融环境中性适度,促进资产负债平衡和经济金融平稳运行。

从这个解释当中我们可以看到什么? 许多人看到了央行拒绝降准,甚至拒绝放宽货币。当然,人们的理解是正确的。但我的问题是:第一,中央银行作为宏观经济的调节部门,不就是要通过自身的资产负债表扩张或收缩以达成调解经济冷热的作用? 那它的资产负债表发生变化,不是非常正常的事情? 央行写这样的文章是为了保持资产负债表的不变? 那不等于"自废"了货币政策的"武功"? 为什么要这样做?

第二,央行认为,"频繁降准"——减低负债会导致市场对人民币贬值预期加大,并造成资产端——外汇储备减少,而且会恶性循环,形成资产和负债的同步萎缩——资产负债表萎缩。为什么要说这样的情况? 是怕资产负债表萎缩导致基础货币供应不足？为什么央行"通过增发央票、扩大现金投放等来扩大负债并不具有可操作性"？增发央票——扩大负债不现实，但为什么扩大现金投放也不现实？这不等于在说，中国的货币政策已经被人民币汇率给绑架了？

按照"三元悖论"讲述的原理，中国要维系人民币汇率稳定，必须放弃独立的货币政策，或者相应减少经济开放程度。现在中国货币政策是不是应当不顾中国经济下行压力巨大而开放度不断提高的事实与前提，去仅仅关注人民币汇率稳定？再者说，当发达国家的强势货币全部执行极度宽松政策的时候，中国央行的货币政策应当何去何从？是不是应当跟随它们极度宽松？这可真是个"大悖论"。

所以，请央行更加注重逻辑正确。针对降准这件事，虽说不要"频繁"，但该降还得降。这是央行的职责。尽管用"绳子"推高经济没多大用，但你至少不能变成"拉绳子"，而在我看，中国央行"拉绳子"的冲动过于强烈。这是历史多次证明的事实。现在，使用一些花花哨哨的货币政策说法，不过就是为了"拉绳子"。这对中国经济的现实而言，实在太残酷了。

我同意高尚全[1]老爷子的说法：扩大总需求也是去产能。

---

[1] 高尚全，高级经济师，中国经济体制改革研究会会长，中国企业改革与发展研究会会长，中国经济改革研究基金会理事长，中国（海南）改革发展研究院院长；第九届全国政协委员，经济委员会委员；联合国发展改革委员会委员。

但我们的总需求政策——货币政策总是要"拉绳子"。注意: 说这些并不意味着本人主张宽松货币,但我必须坚决反对紧缩。尽管,中央银行说明了"中性适度"原则,但我认为, 只要它们不承认金融结构性紧缩的存在,搞不好就会把"中性适度"执行成紧缩。从现在的情况看,中国货币政策有些蹩脚。

货币政策传导"假失败"

(2016 年 8 月 17 日)

中国有些经济舆论正在用些似是而非的
观点和结论掩盖中国金融短期化所导致
的货币紧缩效应，掩盖这一紧缩效应给
中国经济带来的灾难。

有一种风靡当下的观点：中国货币政策的边际效应递减。
依据就是货币不管如何宽松，中国经济都不会因此出现明显
改善。我反对这样的观点。我认为，中国货币政策传导十分
正常，而且不存在边际效应递减的问题。当下之所以风靡
"货币政策边际效应递减"的说法，实际是在为货币政策解
脱责任，引导中国货币政策进一步出错。

为什么我认为中国不存在"货币政策边际效应递减"的
问题？因为，中国并未如发达经济体那样实施极度宽松的货

币政策，从实际情况看，2010 年之后，中国货币政策一直处于极度紧缩和中性之间，中性略微偏宽的货币政策也只是在短时间里出现，而并未持续。这样的货币政策之下，如何对经济构成"刺激"？又如何体现边际效应递减？

在中国，大多数经济学家认为日本、欧洲已经发生货币政策边际效应递减。我认为，这样的观点太缺乏辩证思维能力。因为，他们仅以货币政策刺激没能使日本和欧洲经济走出困境为判断的理由。但我的问题是：如果没有这样的刺激，日本和欧洲的经济当会如何？是否会比现在更好？更重要的问题，你们是否看到日本和欧洲实体经济发生的最新变化？是否看到货币投机被日本和欧洲大量驱逐而使得金融市场更适宜资本的生成？是否看到全世界更多在关注日本和欧洲的经济何时复苏，而对中国更关注的是经济增长还会下滑到什么程度？如果连这样的根本性问题都看不到，那我们的学问是不是也太"小儿科"了？

中国没有发生"货币政策边际效应递减"的问题，原因是：中国金融短期化的长期发育，已经使得货币投机阻断了货币政策向实体经济的传导，这也是中国看似货币数量巨大，但实体经济依然融资难、融资贵的关键所在。更关键的是，中国金融短期化，实际使得中国货币政策"明松暗紧"。

我们必须明白，商业银行实际存款利率低，而贷款利率过高，那是因为商业银行筹资成本不再是存款利率所表达的水平，而是货币市场利率水平。不是吗？估计大家都不会注意到一个非常关键的数据：货币市场日均成交量的变化情况。我看到的事实是：10 年来，中国货币市场日均成交增长速度一般都在 30% 以上，而近年来，增速更是经常超过 50%。7月央行统计数据显示，银行间人民币市场以拆借、现券和回购方式的日均成交比去年同期增长 45.0%。其中，同业拆借、现券和质押式回购日均成交分别同比增长 68.3%、40.0% 和 43.1%。这个数据说明两个问题：其一，商业银行融资越发依赖货币市场；其二，银行资金来源快速短期化——这正是中国金融短期化的重要证据。

在此背景下，中国货币市场一年期借贷成本基本在 3% 以上，高出银行存款基准利率一倍，高出银行实际存款利率 110 个基点。那我们凭什么还以存款基准利率判断贷款利率高低？凭什么以存款基准利率为基础看货币政策传导？凭什么认为"中国货币政策边际效应递减"？其实，当下中国经济下行压力不断加大的事实，恰恰反映了中国货币政策传导受阻之后的结果，恰恰反映了中国货币政策"明松暗紧"的有效性。

我认为，中国有些经济舆论正在"东拉西扯"，用些似是而非的观点和结论掩盖中国金融短期化所导致的货币紧缩效应，掩盖这一紧缩效应给中国经济带来的灾难。我认为，由此而产生的政策偏差，才是中国最大的经济风险。

货币政策目标不能跑偏

（2016 年 10 月 31 日）

用利率的手段解决房地产问题，势必会
使整个经济受到压抑，这不是货币政策
正确的选择。

过去，我们为了人民币升值而紧缩货币，已经使中国经济内需受到了严重破坏。现在，我们又要为防范资产泡沫和金融风险而收紧货币，这恐怕同样是货币政策的巨大偏差。我认为，防范资产泡沫和金融风险是金融监管应当着力的地方，而不是货币政策该干的事情。所以我认为，中央应对货币政策提出要求：应当纠偏。

首先，货币政策四大目标——经济增长、货币稳定、强化就业、对外平衡，并不包括防范资产泡沫和金融风险的方面。如果货币政策着力于资产泡沫和金融风险的防范，那上述四大目标是不是可以忽略？这显然存在偏差。一般而言，金融风险的防范应当依赖金融监管政策，而货币政策必须坚守总量调节，也只能从事总量调节，为中国经济增长、实体经济强化提供良好的货币环境，超范围的政策目标不仅完成不了，反而会给经济带来不必要的麻烦。但是，现在去杠杆、除泡沫、防风险都要指望货币政策，这是错误的，是货币政策无法承受之重。

其次，泡沫仅仅是个别经济领域的事情，比如在中国主要表现在"一线城市的房地产方向"，这就更是个别地区、个别领域的问题。但是，货币政策是总量政策，是关乎经济所有领域的政策。如果以货币政策对抗"个别城市房地产泡沫问题"，那就好比"因为个别臭鸡蛋，不惜把一篮子好鸡蛋都摔了"，这难道不是巨大经济成本？很遗憾，在中国反反复复地出现以房价"绑架"货币政策的事情。

美联储前主席伯南克在《金融的本质》一书的第二章，用了大量的事实证明：美国的房地产泡沫，主要不是货币政策的结果。他说，很多人认为互联网泡沫破灭之后，美联储采取低利率政策是导致房地产泡沫的主要原因。但在我看，不是这样。美国房地产泡沫之所以发生，主要原因是金融自身和金融监管存在严重漏洞。它的主要诱因是金融机构基于房地产信贷的"创新"过度，而与此同时金融监管不断放松，加上美国政府又希望解决美国人居住问题的大背景。

伯南克认为，利率高低，中央银行应当主要考虑两大因素：经济稳定和金融稳定。互联网泡沫破灭之后，美联储采用低利率政策主要基于经济稳定的考虑，而绝不是针对房地产。他认为，房地产泡沫通常是房地产方向的政策出问题所导致的。既然如此，解决房地产泡沫的问题也要从房地产市场和金融监管方向入手，而绝不是货币政策。因为，货币政策作为总量政策，它针对的是整个经济领域，而房地产仅仅是经济的一部分。如果用利率的手段解决房地产问题，势必使整个经济受到压抑，这不是货币政策正确的选择。

我认为，中国个别城市房价过高的问题同样是对投资、投机性住房需求监管不力的问题，而这个问题的关键在于地方政府为了财政收入（卖地收入）而刻意放松监管，同时也是金融监管部门任由各种房地产"金融创新"不断发育所致。比如，房地产中介机构通过互联网金融平台为购房者首付配资等。

谈到本轮房地产价格暴涨就不能不多说几句，说实话我深感蹊跷。当时，看房价上涨之初，恰好政府希望货币政策略偏宽松以满足实体经济需求，但媒体上却出现了非常奇怪的言论。其一，说去库存主要是去房地产库存，而要想去掉房地产库存必须让房价上涨，这样需求才会被刺激出来；其二，说去杠杆，主要是转移，说政府和个人需要加杠杆，而减少企业杠杆。为什么说奇怪？我查不到中央这样去库存、去杠杆的说法，但这样的言论却被包装成很有来头的样子。

于是，略偏宽松的货币政策和这样的房地产言论两相契合，房地产市场一轮火爆再起。结果是央行投放的货币没有进入实体经济，而是进入房地产市场，从而破坏了中央的良好初衷。反过来，奇怪的声音又开始叫嚣：宽松货币没用，只会刺激房地产泡沫。于是，又一次成功扭转了货币政策方向，而且引导货币政策脱离"四大本源目标"。这里面有什么阴谋吗？如果此类事情频繁发生，我看中央不得不防。

不错，这样的货币政策目标一出，人民币汇率出现了200多个点的升值。难道我们这样做只是为了稳定汇率？这又是个大问题。我认为，无视中国经济健康稳定而以货币紧缩稳定汇率的做法也是错误的。因为，尽管紧缩货币可以让汇率稳定一时，但紧缩货币导致的经济下行压力加大，一定会使人民币陷入更长期、更根本的贬值过程。所以，在稳定汇率的问题上，货币政策这柄"双刃剑"不可轻用。

中国货币政策被绑架

(2014 年 12 月 17 日)

央行要逼迫人民币升值，或者说防止人民币过快贬值。

当央行试图阻止人民币贬值的时候，国内货币紧缩就将重新抬头。现在就是。前不久，基于对中国经济基本面的担忧和短暂的货币投放，人民币开始贬值，一度从 6.12 附近，贬值到 6.20 附近。央行不愿看到人民币贬值，于是开始干预。"明手"是以人民币中间价升值引导市场，"暗手"则是收紧货币。

昨天是周二，法定央行公开市场操作日，但它没有任何作为，货币市场利率再度被严重拉高。说不清是因为掩饰，还是因为忌讳，从分析看，几乎所有人都把这一现象归因于"年终效应"，而完全忽视央行有意拉高人民币汇率的真实意图。

为什么说收紧货币的真实意图是为了拉高人民币汇率？第一，商业银行年终资金紧缺是常态，每年必然发生，而中央银行"熨平"利率市场波动义不容辞，所以这时候只需放些短期货币，整个市场安然无恙，而每逢年末，央行释放短期流动性也是常态，但今年没有，情况异常；第二，从 CPI 数据看，中国经济已经进入通缩边缘，央行本该主动投放，就算不投放也绝不该进一步收紧，那为什么央行坚持"顺周期"调控？第三，中央一再强调压低实体经济融资成本的问题，为什么央行敢于对抗，拉高利率？

有上述三大疑问足够了。因为，央行的行为无论从中央意愿，还是从经济背景，乃至市场现实都无法获得合理的经济解释。那为什么央行还要收紧货币？唯一合理的解释：央行要逼迫人民币升值，或者说防止人民币过快贬值。

中国经济的现实需要防范通缩，需要压低企业融资成本，需要压低利率，但为了防止人民币贬值，央行必须反其道而行之，这意味着什么？毫无疑问，中国货币政策已经被人民币汇率绑架。

我们必须看到，目前人民币升值不是、贬值也不是。升值意味着国内货币环境无法摆脱持续性紧缩，从而威胁中国经济内需，威胁中国实体经济；贬值意味着已经流出的人民币将大量回流中国，所表达出的市场现象是短期资本逃逸，将进一步放大人民币贬值预期。

与人民币升值、贬值相对的是，国内货币政策紧缩不是，放宽不是。紧缩，经济危机就不远了；放宽，容易引发金融危机。那是不是可以选择中性货币政策？也许可以，但美国不干，它还在不断施压人民币升值。美国财政部 2014 年 10 月发布汇率报告指出：所有因素都表明，人民币汇率依然被大幅低估。而 2015 年 4 月报告是同样的腔调：中国政府不愿让人民币出现足以让其达到市场均衡水平的升值，而是选择让人民币汇率逐渐调整，而目前这一调整已被部分逆转。

美国人要干什么？他们逼迫人民币升值真是为了均衡吗？其实，均衡只是借口。因为，人民币升值 40%，中国贸易顺差不减反增的事实，已经证伪汇率均衡理论。美国人不懂，还是无视事实？不对，他们都懂，比我们懂的多得多。但还要这样做的目的就是"只允许中国紧缩，而不许中国放宽"。换句话说，中国经济只能"死"，不能"活"。

我们真的上当了！人民币汇改九年半，为了让人民币升值，中国持续紧缩货币，包括今天还在这样做。结果是什么？很明显，中国企业，尤其是民资企业融资成本居高不下，主动性增长动力羸弱不堪；中国经济内需积弱难返，经济下行压力不断加大；整个金融市场与实体经济恶性循环，危墙难立。

这就是现实。中央银行在有些错误理论的影响下，有时会落入美国人布好的陷阱。没有好办法！中国金融必须立即拨乱反正，否则遭受俄罗斯般的攻击[1]不是没有可能。

　　（此文曾以文章名《中国货币政策疑被汇率绑架》原载《中国经济周刊》2014 年第 49 期）

---

　　[1]　指2014 年12 月俄罗斯卢布兑美元断崖式暴跌的货币危机，是西方发动的对俄罗斯的金融攻击。

汇率干扰下的货币政策

(2015 年 9 月 24 日)

> 人民币升值预示着中外利差扩大，而当
> 主要经济体的利率并无改变之时，那一
> 定是中国利率提高。

上周 7 天期逆回购利率居然高达 4.1%，整个过程中，央行从银行间债券市场净回笼 1400 亿元短期资金。当然，本周已经有所缓和，在净投放 400 亿元 7 天期资金之后，利率回到了 2.7%。但依然高于同期 Shibor 近 30 个基点。这样的逆回购利率，势必进一步引导 Shibor 上行，从而推高整体市场利率，包括贷款利率。这是非常讨厌的事情，央行每次降息不过 25 个基点，而货币市场利率上涨很轻易地就可以对冲掉降息效果。

为什么最近货币市场利率上涨较快？我的理解是：人民

币贬值压力比较大。据媒体报道，昨天中国央行透过大型商业银行对境内外两个外汇市场同时实施干预，防止人民币贬值过快。这与利率有什么关系？去看看所有国家，包括南美国家、俄罗斯等如何阻止本币贬值。加息——用更高的利率抑制外汇出逃。所以我们的有些证券分析师们认为，人民币升值更有利于股市，这其实是个严重错误。因为，人民币升值预示着中外利差扩大，而当主要经济体的利率并无改变之时，那一定是中国利率提高。

利率提高对股市是好事？尤其是在中国经济下行压力巨大的情况下，利率走高有利于股市政策？这是不是错误的观点？当然。

这就是我目前最大的担心：因为要抑制人民币贬值，而抬高国内利率水平。尽管现在这件事搞得比较隐晦，而且力度较小，但绝非影响轻微。毕竟，25 个基点的利率上浮在货币市场根本不算个事儿。这也体现了中国货币政策执行的线条粗放，动作不到位；当然也可能反映了中国作为一个发展中国家，其货币政策在执行过程中的麻烦。

我们希望货币宽松，不只是为了股市，更多的是为了中国经济。几乎全世界都认同中国经济下行压力比较大，那为什么总量政策却保持"偏紧基调"？为了人民币国际化吗？我认为这是本末倒置。人民币国际化到底是否有利于中国经济？如果你拿不出足够的证据，就不要因为这一点让本国经济、本国百姓受苦。让人民币国际化变成自然而然的过程为宜。

实际上,为了人民币国际化而不许人民币贬值,甚至恨不得人民币永远升值,这不是痴人说梦?因为人民币不断升值,及其背后的紧缩货币,势必摧毁中国经济,摧毁中国股市。当经济虚弱不堪,股市低迷不振时,请问:由于经济基本面问题而引发的人民币贬值压力如何化解?现在不是已经非常危险了吗,为什么还要一意孤行?看不到问题的严重性吗?

我们说,宽松货币、人民币有序贬值的环境也是有利于资本市场发展的环境。第一,利率降低使储蓄失去吸引力,而慢慢提高市场的风险偏好,这对股市大大有利,实际上,欧美日股市上涨都基于这样的理由。第二,市场流动性增加,有利于股票市场的活跃。第三,实体经济生存环境好转,将从根本上扭转中国经济颓势,这不是长期利多中国股市的理由吗?第四,中国正处于经济转型期,传统产业兼并重组,新的技术层出不穷,都会带给股市活跃的因素。第五,经济转型是面向未来,所以中国股市的市盈率应当被放宽,因为我们不懂得如何给股票的未来计算市盈率。不是我们不懂,而是全世界没人懂,让格林斯潘去判断股票市盈率多高合适,他也不会。

那为什么有人非要把股价和人民币绑在一起?他是想绑

架中国货币政策，让中国既不敢放松货币（人民币贬值）也不敢紧缩货币（人民币升值），从而废掉中国的所有"金融武功"，废掉中国的实体经济。试想，如果中国不敢让人民币贬值，那央行就不敢放宽货币，股市必将失去动力，那股市好得了吗？如果中国不敢让人民币贬值，那中国的实体经济不仅将失去股权融资通道，而且会因为实际利率（8%以上）过高而失去动力，那中国实体经济不会雪上加霜吗？这是不是阴谋，我不知道。但至少可以肯定，这样的做法将置中国经济于死地。而我的理解是，这恰恰反映了全球实业资本争夺的残酷性。

其实，全世界都在担心人民币贬值，为什么？我们想过吗？我认为，他们之所以担心人民币贬值，担心中国加入"货币战"，是因为他们担心中国加入全球实业资本的争夺，担心在这场"零和游戏"当中中国取得主动，而自己失去一块重要的肥肉。但我看中国并不明白，而正是这个"不明白"才是真正值得我们担心的事情。

用贸易政策解放货币政策

(2014 年 5 月 16 日)

中央支持资本市场良性发育的系列动作
正在不断演绎。

股市投资者必须看到，中央支持资本市场良性发育的系列动作正在不断演绎。上周末"国九条"① 问世，而同时央行副行长刘士余明确了"整顿同业业务，扭转金融结构"的态度。与此呼应，5 月 15 日国务院办公厅发布《关于支持外贸稳定增长的若干意见》，这三件貌似无关的事情，其实紧密相连，而核心指向"调整金融结构，支持资本市场"。

一直以来，我们大声疾呼"中国金融结构扭曲"，必须

---

① 指 2014 年 5 月 9 日国务院发布的《关于进一步促进资本市场健康发展的若干意见》。

尽快予以治理。包括希望"取缔余额宝"，它是把大量储蓄转进货币市场，而非资本市场，这对中国经济发展和资本市场都是重大的、本质性的伤害。原因是，大量资本市场资金流向货币市场，中长期债券和股市这类直接针对实体经济的金融领域必然严重缺血，实体经济"金融休克"。所以，保护、支持资本市场必先调整"资金流向"。这方面，中央银行责无旁贷，而证监会无能为力。

我们必须明白一个道理：对资本而言，金钱不是万能的，但没有钱却是万万不能的。所以，要让资本市场健康发展，"钱与非钱"两只手都要硬。"国九条"有"钱"的方向，但重点应当是"非钱"方向，要靠股市制度变革强化市场信心；而"钱"的方向，必须依赖金融结构的大幅调整，而非简单地投放货币。

那《关于支持外贸稳定增长的若干意见》（以下简称《意见》）与资本市场发育有何干系吗？当然有关系！在我看来，这是中央在用贸易政策平衡国际收支，从而破解"货币政策手铐"的重要举措。

股市投资者热盼"降准"，但在国际收支顺差较大而人民币汇率波动剧烈之时"降准"，会立即放大市场波动风险，而且会加大人民币贬值预期；如果"降准"之前，不能对贸易结构政策给出明确指引，那"降准"所引发的人民币贬值，将导致贸易结构进一步扭曲。

所以我们看到，《意见》第一条就是"进一步加强进口"。这毫无疑问，就是为了减低贸易顺差。第二条是"保持货物贸易稳定增长"，所强调的是"调整贸易结构"。比如，国务院要求"做强一般贸易，提高一般贸易在货物贸易中的比重"，同时提升而不是扩大加工贸易。要"修订加工贸易禁止类和限制类商品目录，完善加工贸易政策，创新加工贸易模式"等，是针对一般贸易和加工贸易的结构调整而来。

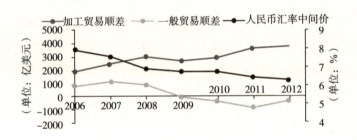

图1 进出口贸易方式总值

数据来源：海关总署。

图1告诉我们，中国贸易顺差100%都是加工贸易创造的，而且不管人民币升值到何等程度，加工贸易顺差刚性增长。但一般贸易是逆差，对顺差贡献是负值。这就是我们不得不大力度调整贸易结构的关键原因。因为，如果我们确立"市场供求决定汇率"的机制，那加工贸易带来的顺差势必迫使人民币刚性升值，同时导致国内货币政策没完没了地收缩。我们必须知道，一个国家金融开放程度越高，货币紧缩

（宽松）与本币升值（贬值）的"吻合度"越高。不信，去看看发达市场经济体的现实情况是不是这样。

如今中国货币政策被汇率改革的问题捆绑，如果我们不能采用非货币（贸易政策）手段促进贸易收支平衡，那人民币升值就难以停止，国际压力就不会减轻。而采取货币紧缩、人民币升值的手段不仅无法使国际收支平衡，反而会使中国经济内需受到严厉压制，经济下行压力更大，股市下跌更狠，金融结构扭曲更严重——从资本市场上赚不到钱，就会加剧货币市场投机；货币投机越旺盛，资本市场失血越严重，实体经济越垮台，银行体系风险越大，利率越高——如此恶性循环。

所以，此次配合"国九条"，中央至少到现在已经出台两大"配套政策"。其一，整顿同业业务，扭转金融结构；其二，用贸易政策破解"货币政策手铐"，使之有能力扭转金融结构。

货币政策不存在"回归稳健"

(2016 年 4 月 25 日)

中国的货币政策正是在一个"稳健的区间里"操作，而当下基本属于"稳健略微偏宽"的程度。

中国央行行长周小川在参加第 33 届国际货币与金融委员会会议时指出："中国将灵活适度地实施稳健货币政策。"我很担心这句话被曲解、误读，但现在看，还是被"恶意利用"了。什么创客视角科技，什么百达翠丽，等等，一些署名不详的人士撰文说：中国货币政策回归稳健。我的问题是：近两年以来，中国货币政策什么时候脱离过"稳健"轨道？什么时候改变过"稳健"提法？既然没有，何谈"回归稳健货币政策"？

最让人愤懑的是：中国证券公司里有些拿着百万年薪的

"大专家"们，完全没有独立思考能力，而是随声附和这个提法，以至于该说法在当下股票市场上盛行。所谓"货币政策回归稳健"什么意思？我的理解，无非是说中国货币政策改变了"稳健略微偏宽"的取向，而变成"严格中性"或"略偏紧缩"呗。但我们检查最近的货币政策公开市场操作，几乎完全看不到任何"紧缩"迹象。比如，照例周二应当进行的公开市场操作，本周一操作，尽管央行公开市场操作已经变成每天的工作，但周一在到期仅有 300 亿元的情况下，逆回购 1800 亿元，这难道是紧缩？显然不是。

不错，正因为我们的有些"专家"自己不长脑子，所以中国的经济舆论经常被这样误导。这是最令人愤懑的事情。说来也难怪，我们的某些新闻官员虽然政治意识强烈，但真不懂经济，也不可能下功夫研究经济，所以根本无法识别经济言论背后的"险恶用意"。

回到正确的货币政策认知上来。周小川明确指出，中国的货币政策有五个级别：紧缩、适度紧缩、稳健、适度宽松和宽松。现在执行的是稳健货币政策。但稳健是一个区间，也有略微偏宽、偏紧和中性。中国的货币政策正是在这样一个"稳健的区间里"操作，而当下基本属于"稳健略微偏宽"的程度。当然还要根据经济的现实状况，灵活适度地操作。这一席话，其实已经把问题说得很明白了。所以，根本不存在所谓"货币政策回归稳健"一说。

　　我认为，目前中国货币政策基本属于"中性操作"，至于这个过程中什么时候略宽一点，什么时候略紧一点，还是"严格中性"，这个问题我们根本不用去在意，央行总是要在这个"稳健区间"里"灵活适度"操作的。其实，周小川在第33届国际货币与金融委员会会议上所表达的，正是这一政策内涵。绝不应当引起任何歧义，但还是被"恶意利用"。所谓"回归稳健"无非是说：货币政策比过去要"紧"。而股票市场空头也恰恰是"挖空心思"，试图让市场、引导市场产生歧义。

　　我依然认为，中国现在不宜采取"稳健略微偏紧"哪怕是"严格中性"的货币政策。原因：第一，中国经济下行压力并未彻底去除，经济回升的好势头刚露苗头，还远谈不上稳定；第二，在中国实施积极财政政策的背景下，如果货币政策仅仅是严格中性或稳健略微偏紧，其言外之意是中国货币政策拒绝配合财政政策，这当然是严重的政策错误。第三，央行货币政策必须配合中国股权融资市场的发育，这是周小川最为强调的重要事项，如果此时货币收紧，中国股权市场发育将被冷冻。

　　所以我呼吁，中国股市投资者不要被空头势力或恶意势力利用，要坚信中国股权市场发育的一个"新起点"就在眼下，这一点应当毫无疑问。我们当然不排斥股市的"健康调整"，但一定要提高警惕，因为总有人试图利用股市的技术调整需求，使之演变成股灾。另外，我们还看到，最近一段时间6个月以下期限的货币市场利率上升过快，这恐怕也会诱发市场对货币政策收紧的猜测。我认为，"严格中性"的货币政策是利率稳定政策，而绝不是上蹿下跳的政策。这一点请央行注意，必须以史为鉴，不要把"稳健货币政策"执行成"紧缩"，那将是对中国经济的摧残。

当然，我们也看到了汇率与利率之间出现了一些"不大符合逻辑的变化"。很好，中国需要"迷踪拳"，但关键是：不管打什么拳，都必须以国内经济健康为主。

（原载经济网，［2016-05-06］http：//space. ceweekly. cn/niuwenxin）

在为降准做准备?

(2015 年 6 月 10 日)

> 对于中国经济,慢牛之利远远大于弊,
> 疯牛之弊远远大于利。

　　迄今,央行已经连续十五次暂停公开市场操作了。这就是说,近 8 周的时间,央行只收回到期的短期利率,而没有通过逆回购吐出基础货币。那不是回笼货币吗?其实,此次央行货币操作有两大指向:其一,当然是投放货币,但从总量看,力度未必有降息降准所表达的"名义力度"那么大;其二,通过"锁短放长"使金融市场更加有利于资本形成,同时缓解商业银行资产与负债之间的期限错配问题。

　　从货币市场利率的表达上看,上述目的已经实现预期效果。但从目前情况看,货币市场利率依然过高。我认为,一年期货币市场利率在 2.5% ~ 2.8% 应当是正确的选择。也许有些人还搞不明白，那我就解释一下。

无论是法定存准还是 LSF（常备借贷便利），它们都有一个共同特点，属于长期流动性范畴。所以央行降准和加大 LSF 的投放，实际是释放长期流动性；而停止公开市场逆回购操作实际就是锁定短期流动性。这样做的效果是：其一，扭转金融短期化趋势，有利于货币转化为资本；其二，商业银行短期资金需求下降，而货币市场利率降低恰恰说明了这一点。其三，货币基金投机空间被压缩，货币投机规模会减少。

那为什么说现在好像是在为降准做准备？因为我们看到，近几日货币市场利率再度上翘，这说明，短期资金需求又开始上升。这一方面与前次降准政策消耗有关，另一方面与央行连续 15 次停止逆回购、收回短期流动性有关。所以，我认为，为了进一步压低货币市场利率，有必要继续释放长期流动性。但力度不用很大。

总体看，目前的宏观经济政策选择正走在正确的轨道上。但股市的过度疯狂也不免给人留下很多忧虑，毕竟企业真正变得健康，投资过程都不是一个短期可以实现的，这就需要资本市场具有更为持久的耐力，而不是疯涨狂跌。那怎么办？我认为，关键是要教育机构投资者和证券经营者。

为什么这样说？细细地分析一下，不难看明白。我认为，掌控整个力度与节奏的其实就是那些华尔街大鳄，他们既是国家战略、政策、策略的制定者，同时又是市场的参与者，而整个过程中还扮演着市场控制者角色。他们凭什么这样做？我认为，因为华尔街大鳄自身的利益和美国国家利益高度一致，可以说国家利益就是他们自身的利益，他们自身的利益也充分地体现着国家利益。尤其在金融危机面前，政府和金融大佬早已"浑然一体"，你中有我、我中有你。也恰恰是这样的默契，美国金融业在世界范围内率先恢复了健康，经济率先走出了低谷，这样的好处，谁说得清是美国的国家利益，还是美国的金融利益？

但反观中国。说实话，表面上看，中国大型金融机构的领导任免权、股权归属权似乎都在国家手中，但作为经营者，他们的行为是否与国家利益高度统一？是否顾及了国家利益？就我听到看到的，有些国有商业机构的巨头，他们所思所想全都是自己如何赚大钱、赚快钱，削尖了脑袋搞投机，哪儿管国家的意愿，只要有机会他们就不择手段、冒大风险、大手敛财。

不是吗？就以两融业务为例，哪家证券经营机构不知道这东西过度而为的风险？有谁看不透未来可能发生的问题？但有谁愿意自觉地压低融资额度？又有多少机构不是尽可能用足这个赚钱工具而博取一时的快感？这不得不逼迫管理层频频出手抑制，而就在这样的背景下，他们依然大打"擦边球"和国家利益"捉迷藏"。这不是危言耸听，而是客观事实，也是中国股市的历史特征。

所以，中国证监会、证券业协会一定要担负起教育机构的责任，必须让他们放弃一夜暴富的心态，有度而为，并把自己的长期利益和国家的前途、命运绑定在一起，以更好地控制市场节奏。要让他们明白，对于中国经济，慢牛之利远远大于弊，疯牛之弊远远大于利。股市死了，中国经济死了，大家都一起完蛋。

货币政策总体基调中性

(2016 年 5 月 16 日)

中国货币政策并未离开"稳健"区间，
依然属于"中性适度"的货币政策。

　　与 2011 年的解释已经完全不同，稳健货币政策现在的归属区间应当属于中性范畴。从今天央行给出的解释看，尽管 4 月的货币数据降幅较大，但那是特殊原因作用的结果，而总体看，中国货币政策并未离开"稳健"区间，依然属于"中性适度"的货币政策。

　　中央银行行长周小川对稳健货币政策有过两次公开解释。第一次是 2011 年"两会"的记者见面会上，当时周小川告诉我们，历史上中国央行曾经长时间使用稳健货币政策的提法，但具体执行过程中，稳健货币政策既执行过紧缩，也执行过宽松，还执行过中性。所以，当时给人的理解是，稳健货币政策只是个"说法"，而不代表任何明确的货币政策指向。实际上，那个时期，中央银行的货币政策已经转向紧缩，法定存准率和利率都开始进入快速上升的通道。

或许，正是因为这样的历史阴影，市场对稳健货币政策的理解多种多样，而生怕"在稳健名义下执行紧缩"。但是，我可以负责任地说，在"稳健名义下执行紧缩货币政策"的时代已经结束了。2016年3月12日，同样是"两会"记者见面会，周小川介绍了货币政策的五级强度：宽松、适度宽松、稳健、适度从紧、从紧。由此可见，当下的稳健货币政策已经被置于中性范畴，而不再是过去的"没谱状态"。

周小川还说："每个表述方式都代表着一个区间，有一个范围，中间的台阶还是比较大的。目前，中国的货币政策还是处在稳健的区间内。"他说："目前中国经济有下行的压力，面临的困难和挑战较多，所以政府工作报告中对货币政策的表述是'灵活适度'，我在上海记者会上也说过目前的货币政策处于'稳健略偏宽松'的状态，这也是符合从2015年到目前的实际状况的。当然，货币政策历来是动态调整的，根据经济形势实时地、动态地进行调整，这就是'适度'的含义。"

这席话讲得已经十分明确：第一，稳健货币政策属于"中性区间"，既然是区间就是可以在"中性"前提下进行预调、微调；第二，具体是略偏宽松一点，还是略偏收紧一点，还是保持不变,要依据国内经济的具体需要具体安排,这就是所谓"适度"的内涵。两条合在一起就是所谓的"中性适度",而第一季度货币政策执行报告也强调:未来中国货币政策将保持"中性适度"。

正因如此,我不敢相信中央银行会在此时此刻执行"紧缩货币政策"。但我们同时注意到,如果不是央行给出"正解",今年4月货币数据的大幅回落一般人确实难以理解。所以,中央银行对社会与市场的沟通极其重要。但我认为,这次解释还是"晚了",能不能在数据出台的同时给出解释?这样是不是可以更好地避免市场做出不必要的误读和过去剧烈的反应?要知道,货币政策执行报告出台当日,各金融机构的研究人员一般是连夜解读并撰写报告,一旦发生误读,那情况会很麻烦。希望央行能够跟上市场的脚步,甚至领先半步。其实,面对4月货币数据的异常变化,市场会做出怎样的反应央行应当心知肚明,那为什么不早点给出解释?

货币政策还有一个很大的变化。周小川在G20上海财政、央行行长会议的记者见面会上明确指出:我认为,中国作为一个经济大国,更重要的还是考虑中国整个宏观经济的整体情况,不会过度基于外部经济或资本流动来制定我们的宏观经济体系。因此,我们继续实行稳健的货币政策。这话是什么意思?

我认为,过去很长一段时间,中国货币政策不得不考虑

"国际上对人民币升值与汇改"的压力。因为，人民币升值必须得到国内货币紧缩的配合。但现在，我们将改变以往的做法，让中国货币政策回归为国内经济总需求服务的道路，而不会因为人民币贬值、"热钱"逃逸而大幅拉高利率。

我认为，最近一段时期的货币政策正确率已经大大提高，所以我们对暂时而小幅的货币市场利率的变化先不要大惊小怪，而更多的耐心观察才是正途。

请执行中性偏宽的货币政策

(2015 年 1 月 22 日)

取缔银行存款与货币市场间的套利空间，更需要央行执行中性偏宽的货币政策。

 央行续作 3195 亿元 MLF，同时祭出 500 亿元逆回购，但我们看到的事实是：货币市场利率还在上涨，尤其是货币市场中、长端利率涨势十分明显，这不能不令人担忧。我认为，货币市场利率过高，已经和大规模的货币投机形成呼应，并恶性循环——货币市场利率越高，货币投机收益越大；货币投机收益越大，货币市场利率越高。

 就目前情况看，中国货币套利存在很大的收益空间。以今天的利率水平为例，银行活期存款利率为 0.35%，但货币市场隔夜 Shibor 为 2.77%，中间 2.42 个百分点的利差；三个月的银行存款利率为 2.6%，而同期 Shibor 为 4.9%，其间 2.3 个百分点的利差；六个月银行存款利率为 2.8%，而同期 Shibor 为 4.77%，其间 1.97 个百分点的利差；一年期银行存款利率为 3%，而同期 Shibor 为 4.77%，其间 1.77 个百分点利差。

这在发达国家是难以想象的。因为金融机构可以放大杠杆套取这部分利差，什么概念？如果平均 200 个基点（2 个百分点）的利差，同时可以通过一种手段低成本地放大 100 倍杠杆，即可套得年收益200%。这是多大的好事？现在，这件事被货币投机基金占有。像已经被批准的互联网小银行，只要他们以 10% 的利息吸收存款，然后通过各种渠道借给货币基金，至少可以实现 100% 的年利收益。

这是不是极具诱惑力？当然。但谁倒霉？实体经济倒霉，老百姓倒霉。因为这些金融蛀虫的收益最终都是由老百姓支付的。

所以，我们必须大力度扭转这样的事态。而这个过程中，执行中性偏宽的货币政策是必需的。首先，国际大宗商品价格的下跌，要求人民币贬值，要求人民币利率压低，否则中国经济总量的回落加速；其次，过去在国际大宗商品上涨之时，中央银行因输入性通胀而紧缩货币的错误需要修正，这当然也需要在当下适度放宽货币给经济以适度的刺激；那为什么还要强调中性？因为，原材料价格下跌会使企业贷款需求自然减少（一来因价格便宜而减少，二来因降低原材料实物库存而减少）。所以，周小川在达沃斯说"不会过多投放货币"。但我认为，不要"过多"是对的，不"适度宽松"是错的。

更重要的是：取缔银行存款与货币市场间的套利空间，更需要央行执行中性偏宽的货币政策。这恐怕是中国金融当下的第一要务：抑制金融结构的扭曲。我们说，货币投机势力的高速膨胀犹如"潘多拉魔盒"，打开了就休想关上。但又必须治理，怎么办？只有依赖货币政策操作大幅压低货币市场利率，让货币投机收益大体相当于银行存款，从而使之失去吸引力，这才能把企业融资成本真正降下来。

既然我们承认商业银行是商业机构，那我们就必须承认银行存款成本压不下去，银行贷款利率就无法降低。因为，商业银行不可能以自身降低收益为代价提供廉价贷款。我们看到的事实是：目前中国商业银行的单位资金的收益率尚不足1%，那他们有什么资本实力压低自己的收益？

所以在我们看来，中央银行2015年必须执行中性偏宽的货币政策，而现在的提法是"稳健"，而我认为，中性偏宽恰恰是稳健的体现。

审慎适度宽松的货币政策

（2015 年 10 月 14 日）

> 正是因为中国货币政策目标中掺入了不
> 应有的成分，所以在"稳健货币政策"
> 的表述之下，中国货币政策的执行显得
> 有些暧昧。

今年 9 月，在食品价格涨幅收窄的作用下，CPI 涨幅也回落至 1.6%。我认为，在全球性通缩的背景之下，中国 CPI没有持续性上升的理由和动力。我们看到的事实是，食品价格一直是影响中国物价的最重要因素，而工业品价格只是在外需强烈的时期才有上涨，而内需从来都不是拉动其价格上涨的主要因素。

所以我们必须确认，当通缩时时威胁着中国经济之时，"适度而非过度"的宽松货币政策是必要的。中国不会陷入流动性陷阱。原因是中国实际信贷利率很高，我们不妨简单估计一下：首先，因为贷款主要针对企业，所以，我们计算实际贷款利率时应当更多参考的物价数据是 PPI（生产价格指数）；其次，按照 PPI 当下 5.9% 的跌幅、贷款基准利率 4.55% 计算，那么实际贷款基准利率应当在 10.45%；最后，如果银行对大多数企业按照上浮利率投放贷款，那意味着大多数企业，尤其是民营企业贷款成本最低也将达到 12%。

上述计算表明，中国大多数企业，尤其是民营企业的实际融资成本非常高。试想，中国能有哪些行业的资本收益率可以超过 12%？所以，与之利润相比，这当然是一个几乎完全不可持续的状态。所以我们吁请货币当局，尽快降低中国企业的融资成本，而将货币政策的表述修改为"审慎适度的宽松货币政策"。

为什么不能继续沿用"稳健货币政策"？第一，这是一个极其模糊的说法，是一个货币当局想松则松、想紧则紧的政策表述，它不能给予市场持续稳定的预期，而市场稍有紧缩动作，立即就会产生过激反应，而大起大落的市场不利于中国经济稳定；第二，中国内需虚弱持续时间过长，将钝化市场对刺激政策的敏感度；第三，中国需要"审慎适度的宽松货币政策"匹配改革红利的释放。我认为，无论多好的改革政策，在 12% 以上的信贷成本之下，民间资本的活力又如何得以释放？第四，积极财政政策需要"审慎适度的宽松货币政策"，因为融资成本过高同样会提高政府项目建设成本，从而大大增加未来公共设施的使用成本，并引发公众不满。

实际上，如果市场确认未来一段时间货币政策"审慎适度宽松"，那即便货币政策在执行过程中短时间出现小幅收缩操作，市场的反应也会大为钝化，不会发生大方向上的误解。另外，这也是中国货币政策更加透明的体现，而从这些年的情况看，中国货币政策透明度实际是在不断降低的。正是因为透明度过低，央行给出的政策信号，经常会被一些"别有用心之人"利用，而使中国经济付出不必要的代价。

我认为，中央不能允许用人民币国际化、汇制改革绑架中国货币政策。因为，人民币国际化和汇改都属于长期目标，是渐进的过程，但货币政策是一个国家最重要、最核心的"短期需求控制政策"。所以，绝不能允许货币政策发生错配——以短期手段实现长期目标，这会使中国经济付出巨大代价。现在，这个问题十分严重，为了人民币在升值背景下的国际化，为了扩大人民币汇率浮动区间而通过利率条件去稳定高估的汇率，中国不敢放宽货币条件，甚至紧缩货币，这已经使中国内需受到极大伤害。在我看来，这是经济下行压力不断加大的重要因素。

我认为，正是因为中国货币政策目标中掺入了不应有的成分，所以在"稳健货币政策"的表述之下，中国货币政策的执行显得有些暧昧，含含糊糊，模棱两可。更要命的是，明明是货币条件过紧导致中国经济不断下行，却有时"顾左右而言他"，以"三期叠加""新常态"等说辞引开公众和决策者视线，然后继续让货币政策服务于不该服务的目标。这样的情况，一时半会儿尚可，长此以往不行。但问题是，我们已经持续太久了。现在已经到了"必须立即停止"的时候了。

什么是"中性适度"

（2016 年 5 月 9 日）

> 我理解的"中性适度"必须具有"配
> 合积极财政政策"的内涵，同时还要满
> 足中国实体经济的正常需求。

　　从 2010 年开始，中国货币政策的提法就一直是"稳健的
货币政策"，到底什么是稳健货币政策？按照周小川行长在
2011 年"两会"记者见面会上的说法，稳健货币政策是历史
上经常使用的提法，但在这一提法之下，中国货币政策既执
行过紧缩，也执行过宽松，还执行过中性。晕了吧？这就是
说，稳健货币政策就是一个"想怎么执行就怎么执行"的政
策提法，搞得货币政策透明度极低，往往需要通过央行公开
市场操作的方向去猜，而公开市场操作一般都针对极为短期
的利率，所以稳定性极差，这就给市场形成稳定预期带来了

很大的麻烦。

从稳健货币政策具体执行的方向看，2010 年 1 月开始到 2011 年 12 月，中央银行实际执行的是"稳健"名义之下的"紧缩货币政策"。以大型金融机构为准，不到两年的时间里，中国银行业法定存款准备金率从 15.5% 被急速拉升到了 21.5%，存贷款基准利率也被抬高了 125 个基点。此后，尽管法定存准率和利率都有所调降，但总体来看，中国货币政策并未摆脱"紧"的基调。在此前提下，中国发生了经济脱实向虚的变化，经历了高利贷风波冲击，出现了民间企业融资难、融资贵，经历了经济下行压力不断加大和杠杆率不断上涨的过程。

为什么会发生这样的问题？我认为，关键在于"积极财政政策和紧缩货币政策的错配"。这样的政策组合核心内涵是：货币政策不仅没有配合积极财政政策，而且是向反方向使劲儿。于是我们看到了结果：积极财政政策吸干了日益稀缺的金融资源，民间中小微企业只能依靠高利贷苟延残喘，而实体经济不支持高利贷的成本，迫使业主离开实业而去炒房、去投机，这是中国经济脱实向虚的关键所在；紧缩货币条件下，内需受到严厉压制，加之外需不振，中国经济下行压力不断加大，而不得不依赖政府一次次出手救助，结果是，每一次救助放大一次杠杆，这就是中国杠杆率越去越高的关键所在。

当然，我们也同时看到，每一次政府救助经济，央行都会短暂地松弛一点货币，当经济刚刚露出向好的苗头，货币政策立即收紧。于是，很快又会出现下一次经济增长"失速"，经历再一次政府救助。去看看，我们这几年的经济是不是这样走过来的。

从去年四季度到现在，货币政策的情况略有转变。认识上也与过去发生了一些变化。比如，在 G20 财政和央行行长上海会议期间，周小川对媒体解释说：中国货币政策有五个级别——紧缩、适度紧缩、稳健、适度宽松、宽松。注意，这与 2011 年的说法已经发生了根本性的变化，就是说，央行不再认为稳健货币政策是很"随意"的政策，而将其放置在了"中性范畴"。当然，周小川也给出了进一步的解释。他说，稳健货币政策是一个区间（我的理解是一个中性的区间），而稳健本身可以略偏紧一点，也可以略偏松一点，而眼下是稳健略偏宽松。

或许正因为上述变化——将稳健放置在"中性区间"，所以，今年第一季度货币政策执行报告当中的提法也发生了"轻微"的改变，即"保持政策的连续性和稳定性，继续实施稳健的货币政策，保持灵活适度，适时预调微调，增强针对性和有效性，做好供给侧结构性改革中的总需求管理，为结构性改革营造中性适度的货币金融环境，促进经济科学发展、可持续发展"。

变化在于"为结构性改革营造中性适度的货币金融环境"，这也是央行首次使用"中性适度"的字样。那到底什么是"中性适度"？我认为，"中性"应当是完全被动的货币政策，而"适度"表明有一定的、不太强的主动性。所以，我理解的"中性适度"必须具有"配合积极财政政策"的内涵，同时还要满足中国实体经济的正常需求——既不主动宽松、也不主动紧缩的"中性"状态为主，而在这一前提下，适度进行小幅度的调整。

为什么要特别提出对"中性适度"的理解？因为我的确存在担心。鉴于央行历史上宁紧勿松的习惯思维，是不是有可能把"中性适度"执行成紧缩？会不会让高利率再次成为推高人民币币值的工具？我很紧张。因为我从最近媒体的报道中，从第一季度货币政策执行报告当中已经隐约看到了一点迹相。但就看到的来讲，如果我的担心变成现实，那不仅股市没戏了，所有供给侧结构改革都没戏了，中国经济下行压力还会进一步加大，后果不堪设想。

（此文曾以文章名《什么是"中性适度"的货币金融环境》原载《中国经济周刊》2016 年第 19 期，作者有改动）

1000 亿美元外储哪儿去了

（2014 年 10 月 17 日）

> 中国开始利用外汇储备展开国家间的投资合作，扩大中国在国际上的影响力，同时加大外汇储备的收益性，避开美国债务投资的单一性，这当属好事一桩。

今年第二季度，中国外汇储备为 3.99 万亿美元，但 9 月末的数据显示，外汇储备余额下降 1000 亿美元，为 3.89 万亿美元。在中国贸易、投资双顺差，而且金融资本账户开放力度不断加大的情况下，外汇储备不增反减，这是很难理解的事情。

那些本该变成外汇储备的钱哪儿去了？一般而言无非三大渠道。第一，有可能是被商业银行购买；第二，如果商业银行拒绝购汇，那一定是憋在企业手里；第三，通过投资或套利资金外逃出境。

我们先看是不是被商业银行购汇。没有权威数据。但从8月的情况看,商业银行购汇欲望实在很低。国家外汇管理局10月16日公布数据表明,8月银行结售汇逆差51亿元人民币,境内银行代客涉外收付款逆差752亿元人民币。这些数据说明,商业银行没有增加外汇购买。相反,它们还减少了外汇持有。而有人据此认为,短期资本可能正在通过资本项目流出国内。

做出上述判断不无道理。因为,中国货币政策无论如何已经进入相对宽松的周期,而美国的宽松力度持续减弱。在此前提下,中美之间的货币利差和汇差的预期都将发生转变,这当然会使套利资金的流动发生逆转。10月16日消息称,美国10年期国债收益率暴跌,这或许也恰恰说明套利资金正在大规模流向美国。

如果商业银行持汇规模减低是因为套利资金外逃引发,那贸易顺差将会"憋在"企业手上。这其实是件麻烦事。因为,企业无法结汇或结汇不畅,那出口企业的人民币流动性就会受到很大影响,从而影响企业生产的可持续性。怎么办?为了维系生产的持续,它们不得不增加贷款,这是不是9月份新增贷款数额超乎预期的原因?没有数据支持,但分析应当是合乎逻辑的。

如果上述分析正确,那就是件"麻烦事"。因为,它预示着出口企业的财务成本进一步上升。过去，在商业银行可以顺利结汇的前提下，企业人民币资金周转不成问题。它们完全可以通过及时结汇，而避开汇率风险，从而获得下一轮生产所需资金，无须承担另外的信贷成本。但现在不一样了，因为结汇困难，它们就必须以外汇作抵押向商业银行贷款，这将增加一笔贷款费用，而吞噬其相应的利润。

当然，也许并没有那样悲观。因为存在另一种可能性。在中美利差和汇差出现逆转预期之后，企业主动拒绝结汇，甚至愿意尽可能多地增加外汇持有。那情况就不该是恶性的，反而是良性的。另外，还有一种良性的情况，那就是对外投资增加。比如，最近李克强总理在国际市场上大力推销中国高铁，而如果这样的项目是以卖方信贷方式完成，那中国的外汇储备将被相应消耗。但问题是，这样的使用也不过在百亿美元的量级，总量不会很大。

那么到底是怎样的情况，或许上述情况兼而有之，现在还说不太清楚。不过，中国开始利用外汇储备展开国家间的投资合作，扩大中国在国际上的影响力，同时加大外汇储备的收益性，避开美国债务投资的单一性，这当属好事一桩。

不管是怎样的一种情况，我们都希望外汇储备的减少能让中国货币政策变得更加宽松一些。这是经济规律的客观要求，也是中国经济当下境况的客观要求，更是增加中国经济赢率的客观要求。